陆九渊知荆门军著作导读

邹灏　张发清　编著

武汉大学出版社

WUHAN UNIVERSITY PRESS

图书在版编目(CIP)数据

陆九渊知荆门军著作导读/邹灏,张发清编著.—武汉：武汉大学出版社,2023.12
ISBN 978-7-307-24101-5

Ⅰ.陆… Ⅱ.①邹… ②张… Ⅲ.陆九渊(1139-1193)—心学—哲学思想—研究 Ⅳ.B244.85

中国国家版本馆 CIP 数据核字(2023)第 211327 号

责任编辑:李 琼 责任校对:李孟潇 版式设计:马 佳

出版发行:**武汉大学出版社** (430072 武昌 珞珈山)
(电子邮箱:cbs22@ whu.edu.cn 网址:www.wdp.com.cn)
印刷:湖北金海印务有限公司
开本:720×1000 1/16 印张:12.5 字数:211 千字 插页:1
版次:2023 年 12 月第 1 版 2023 年 12 月第 1 次印刷
ISBN 978-7-307-24101-5 定价:48.00 元

序　言

　　两宋理学的建立，实为继汉代经学形成之后中国历史上最为重大的思想文化事件。理学之所以发皇于宋代，自有思想文化之历史运动的内在依据。大略说来，则是在经学之固有学术形态及其可资借鉴的资源、研究的手段与方法皆已经无法实现经学之本原目的及其价值意义的时代语境之下，以"北宋五子"为代表的一批"若有隐忧"的知识分子，他们必欲转换思想形态以重续圣人之道，必欲约括六经之义以重构圣人之学，必欲重置生命目的以追还圣学本怀，从而以"道统"的自觉承担为己任，以不同思想文化视域的多元融合为手段，诉诸儒学文本义理解释新维度的开辟，实现了中国文化之主体性的重建及其价值回归。就文化主体性的历史绵延而论，理学与汉代的经学一样，都是对民族文化本根的重澄灵源，都是对以儒学为典范的中国文化主体性的自觉挺立，都是对文化观念体系作为"价值屏障"的再度筑就，也因此在现实性上强化了民族文化共同体的价值认同。换句话说，理学其实即是经学的一种别样形态，是经学在历史绵延过程中到了宋代不得不采取的一种新形态。道一而已，它既有在历史中展开其自身并实现其真实存在的"自然"，便必有时贤依循历史之"时变"而随时著述以体究大道的不得不然。顾炎武说"经学即理学"，其实反之亦然，"理学即经学"。道　而已，唯"时变"有异，故表而出之的方式与途径便必有差异。

　　理学虽发皇于北宋，但成熟于南宋。向来说南宋理学，舍朱熹、陆九渊便几乎无所可述。然所谓"朱陆同异"，又为学术史上之最大公案。凡讲南宋理学，几乎无不及"朱陆同异"；既讲"朱陆同异"，又鲜不及"鹅湖之会"，因为正是在淳熙二年(1175年)的"鹅湖之会"上，朱、陆之间的观点差别得到了集中体现。为学的根基究竟在"道问学"还是"尊德性"，成为朱、陆同异问题的基础原点。

1

朱熹对于《大学》文本的重新结构，在理学建构及其思想阐释的全过程中都是一件非常重要的事。"三纲领""八条目"基本上即体现为理学视域之下的圣学实践工夫的整体框架。且不论朱熹的文本整理（尤其是"补格致传"）在多大程度上是可靠而又可信的，就按照朱熹之说，"明德""亲民""止于至善"作为"三纲"，照理讲便应当是首先需要加以领悟并自觉建立起来的，但有意思的是，在朱熹那里，"三纲"只具有逻辑上的优先性，而不具有实践上的优先性，因此也体现为个体成为圣人之实践过程的逻辑终点。正因此故，在朱熹那里，"三纲"不仅可以并且是应当被暂时悬置起来的，因为"三纲"展开为"八目"，所以只要致力于"八目"的实践工夫，真积力久，渐至于工夫纯熟，而达于一本而万殊、万殊而一本之终极之理的豁然贯通，那么在这一工夫道路的终点，便是"三纲"之充足而又普遍的实现。正因此故，"道问学"作为圣学工夫，乃是通往"尊德性"的道路，在这一工夫实践中，为学与为道则体现为过程上的一致性。先前暂时被悬置的"尊德性"，最终成为经验实践意义上目的达成之后的境界。但在陆九渊看来，朱熹这一看似毫无问题的"道问学"的工夫路向，实质上问题太大，因为在"尊德性"之前，也即是真正实现主体性的自我建立之前，一切所谓"道问学"的工夫皆有可能偏离圣人之道，而走向其为学目的的背反。要使"道问学"真正成为"道"的实践工夫，必须以"尊德性"为先，这一点不仅具有逻辑上的优先性，并且必须体现为实践上的优先性。只有当现实中的个体清楚明白地确切肯认其"德性"本源于天道，并且既是天道在自我的真实内在，那么"德性"在现实世界的真实表达才是可能的，圣人之道转变为现实的人生道路才可能真实不虚，并且具有现实性上的充分可靠性。正如陆九龄在"鹅湖之会"时所说的那样："大抵有基方筑室，未闻无址忽成岑"，万丈高楼不可能起于平地，而必须深入地下沉潜之处为之筑基，地基的深度决定了楼宇的高度。"尊德性"即是要为自己的生命大厦筑基。能"尊德性"之人，方能真正实现自我由"个体"向"主体"转变，才可能自主而自由，所谓"收拾精神，自作主宰"，正此之谓也。因此在陆氏那里，"尊德性"必须是统摄"主体"包括为学、为政、为道等活动在内的全部生活行为的本原性、纲领性原则。

我们倒回头去看，朱陆之异究竟异在哪里？窃以为在朱熹那里，他的根本思路是基于"先天统后天"的理念，而在实践上坚持"以后天复先天"。《中庸》讲的

"性之德也，合外内之道也"，是人人的"先天"，既是"先天"，经验中便无下手处，所以可以暂时予以悬置，而必从"道问学"下手，是为入道之途。及至"后天"工夫纯粹而圆熟，融液参贯，体用合一，则"先天"便终究得以回归。在陆九渊那里，则不妨称之为"即后天即先天"。"性之德也"固然为"先天"，但就人的现实存在而言，"先天"是自然而必然地体现为"后天"的，否则"先天"便毫无意义。既然"后天"即是"先天"在现实性上的绵延形态，那么"后天"中的人的全部现实活动，就应当成为"先天"德性的表达、体现与实现方式，一切对于"先天"的悬置都是误入歧途的。坦率地说，从学理体系上讲，朱、陆之说都是逻辑自洽的，在这一点上的确两厢不分轩轾。章学诚谓"宋儒有朱、陆，千古不可合之同异，亦千古不可无之同异"，正是卓见。

正因为"千古不可合"而又"千古不可无"，所以一个人在为学路向上就朱还是就陆，窃以为不存在是非问题，充其量只存在精神气质是否相契的问题。在陆九渊那里，他在保持学理健全的同时，还总是深透着一种生命本原的醇厚与浑朴，洋溢着一种宇宙生心的浩瀚与灵动，激荡着一种自作主宰的豪迈与自由，焕发着一种俯仰六合的平旷与洒落。读陆九渊的著作，若其心不动，且没有现起如"荡胸生层云"那般的磊落豪迈之感，大抵便没有读进去。

人们或许认为心学家善于言说而略于事业，其实非也。宋明以来，为政卓有建树，利国安民，多有实际事业之开辟者，思想上崇尚心学者反而居多。就陆九渊而言，他也不只是一个学者或哲学家，同时还是一个卓有成效的政治实践家。宋光宗绍熙二年（1191 年），陆九渊知荆门军，这是他为政生涯的最后阶段。他于当年九月三日至荆门，至次年十二月十四日在任上去世，共约一年又四个月时间，为荆门的实际治理，包括政事管理、军事防务、文化建设等，都作出了重大贡献，深为历代史家所称赞。荆门是陆九渊的遗爱之地，淑人君子，"没世遗爱，民有余思"，其遗爱在民，民必思之，故至今仍能感受到陆氏思想在荆楚的影响。

陆九渊在荆门虽时间不长，但留下了不少著作，其中有大量书信以及讲义，不仅可从中见出其晚年成熟的哲学思想，更可借以窥见其为人之耿介、处世之利落，安民安天下之心、与人为善之意，更是溢于言表，实为陆先生遗留给荆门的一份厚重文化遗产。把这些著作单独整理出来，以通俗的形式表而出之，使这份文化遗产能够在当今的社会文化建设中发挥其不可替代的现实作用，无疑是一件富有意义与价值的重要工作。邹灏、张发清二位先生完成了这项工作。他们合力著作的《陆九渊知荆门军著作导读》，搜罗了陆九渊晚年在荆门的全部作品，将其汇为一编，加以详细注释，对所涉及的有关人物、史事进行稽考与解释，并将原文翻译为现代语文，极为便利于今人之阅读。本书的作者之一邹灏先生，毕业于浙江大学中文系，现任荆门职业学院、湖北信息工程学校党委书记，并担任荆门市文艺评论家协会副主席、荆门市作家协会理事、荆门市陆九渊研究会理事等职。我完全相信，他在浙江大学所受到的学术训练，足以使本书在注释、语译等方面都能准确传达原著之意，而成为同类作品中的佼佼者。我更期待本书出版之后，人们在阅读时仍能亲切感受到陆象山先生的遗爱，"激厉奋迅，决破罗网，焚烧荆棘，荡夷污泽"，基于心体之主宰的自我建立，发扬蹈厉，而能在宇宙间"大做一个人"；切实用日常生活中的全部行为来呈现自己同一于天道的本原德性，"亲亲而仁民，仁民而爱物"，在德性的自我实现中展开人生的存在实相，实现自己真实生命的意义与价值。然则本书之有功于象山先生，有功于历史文化之当代承续，有功于古典文化之现代价值转换，岂曰小补也哉！

邹灏先生在完成本书即将付梓之际，嘱予为序。辞不得已，遂略陈肤见，权以为序云。

董 平

2023 年 8 月 4 日于浙江大学哲学学院

目　　录

荆门到任谢表①

【原文】

　　起之祠馆，畀以边城①，来见吏民，祗②承光宠。伏念臣才由拙短，学以朴专，必古道之可求，竭愚衷而自信，用情所惬，载伪是羞③。顷玷末科，未更烦使，荐尘荐剡，遽忝周行④。初纠正于成均，继编摩于书局，坐阅五年之久，惭无一策之奇⑤。赐对祥曦，误蒙圣奖，啧烦东省，反冒优恩⑥。仰丽日之重明，伏下风而增忭⑦。固愿鞭其绵力，以自效于昌时⑧。

　　基玉维州，沮漳在境，拥江带汉，控蜀抚淮，岂惟⑨古争战之场，实在今攻守之要。政须英杰，以佐规恢，敢谓疲驽，滥膺委寄⑩。兹盖伏遇皇帝陛下，道同舜禹，德配汤文⑪，灼三俊之心，迪九德之行⑫，精微得于亲授，广大蔚乎天成，以搜访储材，以试用责实，肆令凡下，亦被甄收⑬。臣敢不益励素心，庶几尺寸，上裨远略，附近涓尘⑭。臣无任⑮。

【注释】

　　①祠馆：指崇道观。知荆门军前，陆九渊任主管台州崇道观的闲职。畀(bì)：委，委任。边城：指荆门。当时荆门城距宋金刘崤的前线不远，为次边之地。

　　②祗(zhī)：敬辞。表示尊敬或谦恭。

---

① 本文原载《陆九渊集》卷十八(中华书局1980年版，第224~225页)，是陆九渊到达荆门就职后给宋光宗的谢恩表。据《陆九渊集》卷三十六《年谱》记载："九月三日，至荆门军。……即日亲事，上谢表。"当写于绍熙二年(1191年)九月三日，即到任当天。"表"是中国古代向帝王上书陈情言事的一种特殊文体，主要作用就是表达臣子对君主的忠诚和希望。

③伏：敬辞，多用于臣对君奏言。古道：古代传统的正道，也泛指古代的制度、学术、思想、风尚等。用情：以真实的感情相待。所惬(qiè)：即惬情，心安，满意。载伪：语出《尚书·周官》："恭俭惟德，无载尔伪。"(恭和俭是美德，不要想着行使诈伪。)载：施行，行使。伪：虚伪、欺诈。

④顷玷末科：玷，谦辞，忝列。末科，科举的末等。陆九渊乾道八年(1172年)夏五月，廷对赐同进士出身。未更烦使：更，经历。烦使，驱使。荐尘荐剡(shàn)：一再用尘土污染荐表，意谓多次举荐。前一个"荐"：频频，一再。后一个"荐"：推荐。剡：地名，古有剡县，在今浙江嵊州市西，以产纸著称，古时多用剡县纸誊抄公文，故用"剡"代指公文。遽忝周行(háng)：于是就有愧于朝官的行列。此事指淳熙八年(1181年)陆九渊被举荐任职于国子监。遽，遂，就。忝，谦辞，有愧于。周行，朝廷官员的行列。《诗·周南·卷耳》："嗟我怀人，寘彼周行。"《毛传》："行，列也。思君子，官贤人，置周之列位。"后用以泛指朝官。

⑤成均：古大学名，后泛指官设学校。陆九渊淳熙九年(1182年)秋就任国子监学正。书局：这里指敕令所。敕令所是枢密院编修敕令所的省称，宋代置此官署，是起草皇帝命令的机关。陆九渊于淳熙十年(1183年)冬至淳熙十三年(1186年)冬任敕令所删定官。

⑥祥曦：祥和的早晨阳光。这里比喻皇帝的风采。淳熙十一年(1184年)春，陆九渊上殿轮对，向宋孝宗当面陈述治国方略，受到宋孝宗的夸奖。喷烦东省：事指淳熙十三年(1186年)年末，陆九渊转宣义郎，任将作监丞，因给事中王信疏驳反对而作罢。喷烦，喷有烦言的省略语，意为议论纷纷，抱怨责备。东省，指礼部。冒：覆盖。

⑦重明：两重光明。比喻太上皇宋孝宗赵眘和宋光宗赵惇父子两人。下风：比喻处于下位，卑位，有时作谦辞。忭(biàn)：高兴，欢乐。

⑧绵力：绵薄之力。昌时：昌盛的时代。

⑨惟：语气词，用于句首或句中。

⑩以佐规恢：佐，辅助，帮助。规恢：规，法度，准则。恢，扩大，发扬。疲驽：衰劣的马，比喻愚钝无能，常用于自谦。滥膺委寄：滥膺，自谦词。滥竽充数；才不胜任。滥，这里是形容词，过度，超过限度。膺：本义是胸腔、胸，

此处作动词用，意为担当，接受重任。委寄，委任付托。宋范仲淹《延州谢上表》："讨伐之秋，委寄方重，岂繄懦品，可副圣忧。"

⑪汤文：商汤王和周文王。

⑫灼三俊之心：灼，明彻，使……光明。三俊，即三仁。古人以微子、箕子、比干为三仁。《论语·微子》："微子去之，箕子为之奴，比干谏而死。孔子曰：'殷有三仁焉。'"迪九德之行：迪，遵循。九德，九种品德。《尚书·皋陶谟》所载九德是：宽而栗，柔而立，愿而恭，乱而敬，扰而毅，直而温，简而廉，刚而塞，强而义。

⑬肆令：处死刑后陈尸示众的法令。甄收：甄，甄别，审定，审察，鉴别。收：录用。

⑭附近涓尘：附，捎带。近，与上句的"远"相对，这里指荆门军。涓尘，滴水轻尘，比喻微小，这里指微小的利益。

⑮无任：敬辞。犹不胜。旧时多用于表状、章奏或笺启、书信中。宋苏轼《徐州谢奖谕表》："庶殚朽钝，少补丝毫，臣无任。"

【译文】

我在崇道观的闲职上被起用，委任为边城荆门的知军，来到任上会见了吏民，沐浴着陛下的恩宠，我感到无比荣光。想我本是才智拙短，凭着淳朴诚笃，定能崇尚古人求学的途径，孜孜以求，竭尽诚心，充满信心。以真实的感情相待，才觉得心安；而实施虚伪欺诈，是种耻辱。不久我有幸考取科举，获赐同进士出身，当时还不能承担繁重的使命，为国家出力。后来被多次举荐，于是我就忝列于朝廷官员的行列。开始任国子监学正，后来授敕令所编修官。前后历时五年之久，惭愧的是没有为国家献出一项好策略。陛下召我廷对，承蒙陛下对我的回答给予夸奖。之后升任我为将作监丞，因礼部有人上疏反对而作罢。虽然遭受排挤，我却反而承受到陛下的恩典，被授予主管台州崇道观的职务。仰承丽日两重光明的照耀，使臣下我倍感温暖，欢欣鼓舞。我一定要竭尽自己的绵薄之力，为当今昌明盛世作出贡献。

犹如一块璞玉的荆门军，沮河、漳河在境内流过，它坐拥长江和汉水，西控巴蜀，东抚江淮，这岂止是古时争战的战场，实在是今天攻守的要地啊。管理它需要杰出人才，用来辅佐朝廷，弘扬法度规章。我岂敢借口愚钝无能，就甘心滥竽充数、辜负委托？现在有幸遇到皇帝陛下，您的治国之道和舜帝禹帝一样，美德配得上商汤王和周文王，发扬三仁品德，遵循九德行事，处事精深微妙得自上天亲授，气象宽宏盛大就如天地生成。您通过搜寻访问，储备人才；通过考试任用，循名责实。如果真有才德，是个人才，即使杀头陈尸的法令都要下了，也可以将他审核录用。我怎敢不更加激励本来的心愿，努力工作，也许可以建立尺寸之功，上对国家的长远战略有所裨益，同时下可造福于本地百姓。我不胜。

【导读】

宋孝宗淳熙十六年（1189 年），宋孝宗禅位于宋光宗。是年农历三月二十八日颁发诏书，任命陆九渊知荆门军，"幸尚迟次，可徐决去就耳"①。也就是处于候任状态，是否上任还可商议。宋光宗绍熙二年（1191 年）农历六月中旬陆九渊再次接到圣旨，让他"疾速之任"。但这时陆九渊正感染风寒，加上痔疮病发作，差不多就要病死了，大病一月初愈，"七月四日始得离家，九月三日抵二泉，即日交割"②。从第一次接到任命诏书，到正式就任，前后历时近两年半；从启程赴荆到到达任上，也有整整两个月，应该说陆九渊一定是思前想后，抚今追昔，深谋远虑，成竹在胸。所以在到任当天，一挥而就，写下这篇谢恩表章。

上谢表，是宋代官员的惯例，必须小心谨慎，认真写好，不然就会招致祸患。如苏轼《湖州谢上表》中流露了对当政朝臣的轻蔑（"知其愚不适时，难以追陪新进；察其老不生事，或能收养小民"），结果使他到任还不到三个月，就遭遇到"乌台诗案"，被关押 103 天，贬至黄州。陆九渊《荆门到任谢表》，写得非常精彩、非常得体。全文 251 个字、2 大段、12 句。可以分为两层意思。

第一层意思：回顾自己以往经历。陆九渊觉得自己本来只想做做学问，以此来为国家尽一份力；后来有幸得中进士，并成为朝廷的一名官员，先是任国子监学正，后任敕令所删定官，历时五年。因为廷对得到皇帝的夸奖，被任为将作监丞；不料有人上疏反对而作罢。但作者并没有丧失为国效力的愿望，期待有一天

---

① 《陆九渊集》，中华书局 1980 年版，第 169 页。
② 《陆九渊集》，中华书局 1980 年版，第 197 页。

能重新获得任用,为国家尽绵薄之力,为社会的昌盛作贡献。作者回顾这一段经历,我们可以看到陆九渊的一颗拳拳报国之心。开头一个"起"字,表达了陆九渊被任命为荆门知军而能一遂平生之志的喜悦;结尾一个"固"字,则体现出他期待报效国家的一贯志向。

第二层意思:表达自己全力治理荆门的决心。这一部分可分为三层意思:(1)概述荆门的战略地位。在陆九渊眼中,荆门犹如一块宝玉,"拥江带汉,控蜀抚淮,岂惟古争战之场,实在今攻守之要",战略地位十分重要。对此,陆九渊在后来还多次论及,如《与薛象先》:"此间形势,正宜积粟聚兵,前此诸人乃未及讲求。张帅有意为城于此。"《与庙堂乞筑城札子》:"荆门在江汉之间,为四集之地。南捍江陵,北援襄阳,东护随郢之胁,西当光化夷陵之冲。荆门固则四邻有所恃,否则有背胁腹心之虞。"(2)对于这样一处要地,自然要派有能力的人来治理。当今皇帝"道同舜禹,德配汤文",广泛搜罗和任用各种人才,并在实践中予以甄别。(3)自己虽然"疲驽",但一定"益励素心",期待建立尺寸之功,对上给国家的长远战略有所补益,对下造福于本地百姓。

陆九渊是一个言行一致的人,他是这样说的,也是这样做的,在荆门的一年多时间里,他勤勤恳恳,尽心竭力,其"荆门之政"得到朝野好评,终因积劳成疾而病逝于任上,实践了他为国尽忠、为民谋福的誓愿,兑现了他在《荆门到任谢表》中的承诺。

与孙季和①

【原文】

　　兹以书至，发读，知已溯江而西，既喜闻动静之详，又恨不得一见①。男儿生而以桑弧蓬矢②射天地四方，示有四方之志，此其父母教之望之第一义也。令尊夫人既许其行，又有二令兄在侍下，岂得便谓失养③。颜子之家，一箪食，一瓢饮，人不堪其忧之地④，而其子乃从其师周游天下，履宋、卫、陈、蔡之厄而不以为悔，此岂俚俗之人，拘曲之士，所能知其义哉⑤？孟子曰："仁，人心也。义，人路也。舍其路而弗由，放其心而不知求，哀哉⑥!"又曰："今有无名之指，屈而不信，非疾痛害事也，如有能信之者，则不远秦楚之路，为指之不若人也。指不若人则知恶之，心不若人则不知恶，此之谓不知类也⑦。"诚使此心无所放失，无所陷溺，全天之所与而无伤焉，则千万里之远，无异于亲膝下⑧。不然，虽日用三牲之养，犹为不孝也⑨。

　　学不至道，而日以规规小智穿凿傅会，如蛆蛊如蟊贼以自适，由君子观之，政可怜悼耳⑩!"山径之蹊间，介然用之而成路，为间不用，则茅塞之矣。"⑪往年石应之骎骎有成路之兴，复迷于异说，至今茅塞，每为悼叹⑫!"知及之，仁不能守之，虽得之，必失之。"⑬季和向时所得，尚未能及应之。临安⑭再相聚时，已无初相聚时气象。是后书问与传闻言论行事，皆不能满人意，谓之茅塞，不为过也。苟以其私偷誉斯世，固不难也，但非先哲所望于后学⑮，其所赏，不足以

---

　　① 本文原载《陆九渊集》卷十五（中华书局 1980 年版，第 195 页），写于绍熙二年（1191年）冬孙季和入蜀之时。孙季和（1154—1206 年），姓孙名应时，字季和，号烛湖居士，绍兴余姚（今浙江余姚）人，陆九渊的学生。

当所惜之万一耳。幸谨思而勉行之⑯。

是间为况，要非纸笔所能宣达，季和能着鞭，则自相孚矣⑰。总卿之疑，不必论可矣⑱。

【注释】

①兹：此，这。溯江而西：绍熙二年(1191年)，兵部侍郎丘崈出任四川安抚制置使。他在九年前的浙东提点刑狱使任上，就听说了孙应时(字季和)的学问才干与办事能力，所以连连来信，请孙应时随他入蜀入其幕府工作。但孙应时以老母在堂不便远游为由婉谢。没想到丘崈爱才心切，竟千里迢迢地派人到遂安(遂安县，旧县名，位于今浙江省淳安县千岛湖景区，孙应时时任该地知县)来聘请，孙应时这才勉为其难，答应从行。孙季和回到余姚，嘱托二位兄长照顾好老母，然后拜别父墓，溯江而西入蜀。

②桑弧蓬矢：桑木做的弓，蓬草做的箭。古代男子出生时，射人用桑木之弓射出六支蓬草之箭，一箭射天，表示将来敬事天神；一箭射地，表示将来敬事地祇；四箭分射东西南北，象征将来男子志在四方。(见《礼记·内则》)

③令尊夫人：指母亲。令尊，对对方父亲的尊称。失养：意谓不能奉养父母。

④颜子：孔了的弟子颜渊(颜回)。《论语·雍也》记载：子曰："贤哉，回也！一箪食，一瓢饮，在陋巷。人不堪其忧，回也不改其乐。贤哉，回也！"箪：盛饭的器具，多用竹制成。

⑤其子乃从其师……之厄：他家的儿子颜回跟随孔子周游列国，经历了宋国、卫国、陈国、蔡国的困苦。厄，困苦，灾难。拘曲：拘泥，邪僻不正。

⑥孟子曰……哀哉：出自《孟子·告子上》。弗由：不走。由，遵循。

⑦今有……此之谓不知类也：出自《孟子·告子上》。无名之指：即无名指。信：通"伸"。不知类：不懂得类推事理，意谓不明事理。

⑧诚使：假使。放失(yì)：即放佚，放纵，放恣。陷溺：使沉迷堕落。全：保全。亲膝下：亲自侍奉父母。膝下：子女幼年时常依于父母膝下，言父母对幼孩之亲昵。后用作对父母的亲敬之称。常用于书信中。

⑨三牲：用于养生或祭祀的三种动物，一指牛、羊、猪，俗称大三牲；一指

猪、鱼、鸡，俗称小三牲。

⑩规规：浅陋拘泥的样子。穿凿傅会：即穿凿附会。牵强附会，强求其通。自适：自我满足。政：通"正"。悼：悲伤。

⑪山径之蹊间……则茅塞之矣：语出《孟子·尽心下》。蹊：小路。介然：专一，坚定不移的样子。为间：犹"有间"，一会儿，暂时。茅塞：被茅草堵塞。

⑫石应之：即石宗昭（1150—1201 年），字应之，新昌（今浙江新昌县）人，与族叔石斗文问学于朱、吕、陆三人之门。初为陆九渊所喜，不久，石应之惑于异说，陆九渊惊其迷谬。最终石应之徘徊于朱、吕、陆三人之间，故陆九渊斥之为"茅塞"。骎骎（qīn qīn）：兴盛的样子。茅塞：比喻思路闭塞。

⑬知及之：引用孔子原话，见《论语·卫灵公篇》。知，通"智"，智慧。及：做得到，达到。

⑭临安：南宋都城，今杭州市。

⑮偷誉：侥幸获得声誉。偷，苟且。先哲：前代的贤人。

⑯幸：期望，希冀。勉行：努力去做。

⑰要：终究。宣达：表达。着鞭：原指用鞭子赶马快跑，后常用以勉人努力进取。相孚：被人所信服。孚，信任，信服。

⑱总卿：宋代对地方长官安抚使的尊称。此处指四川安抚制置使丘崇。又，丘崇，字宗卿。总卿、宗卿，音同，疑为书写之误，存疑。总卿之疑：指丘崇对孙应时迟迟未来四川报到有疑惑。

【译文】

今天收到你的来信，打开读过了，知道你已经溯江西行入蜀，既为得知你的详细情况而高兴，又为我们不能相见一面而遗憾。男儿出生之时，都要请人用桑木弓蓬草箭射向天地四方，以示将来有四方之志，这是父母教育他盼望他啊！令尊夫人既然容许你西行，又有两位兄长在家侍候，哪能说是不奉养父母？颜回的家庭贫穷，只有一箪粮食，一瓢饮水，居住在简陋的巷子里，别人都忍受不住那种地方，而颜家的儿子还是跟随他的老师孔子周游天下，历经宋、卫、陈、蔡等地的苦难，而从不因此后悔，这哪里是志向庸俗之人、言行拘泥之士能够理解其中意义的呢？孟子说："仁，是人的良心。义，是人的正路。放弃正路而不走，丧失了良心而不知去寻找，真是可悲呀！"又说："现今有人的无名指弯曲了不能伸直，既不疼痛也不妨碍做事，但如果有能够使无名指伸直的人，就是到秦国、楚国(去求医)也不会嫌路途遥远，因为弯曲的无名指不像别人。无名指不像别人就知道厌恶，良心不像别人就不知道厌恶，这叫做不明事理。"假使这颗心确实没有放纵，没有沉迷堕落，保全上天所给予的善良而不伤害它，那么就是远隔千万里，也无异于在身边亲自侍奉。不然的话，即使每天用"三牲"来奉养，也还是不孝啊。

求学不能够明道，而每天凭着浅陋拘泥的小聪明穿凿附会，就像蛆虫、蟊贼一样自我满足，在君子看来，真是可怜可悲啊！山间偏僻的小路，坚持每天去走就成了大路。如果暂时不用，很快就会被茅草阻塞了。往年石应之勤奋学习有成为"大路"的苗头，后来迷惑于异说，至今思路闭塞，每每为他悲伤感叹！靠聪明才智得到它，但仁德不能守住它，即使得到了，也一定会丧失。季和以前所学的知识，还比不上石应之。在临安再次相聚时，石应之已经没有当初相聚时的进取气势。这以后往来书信问候和传闻的言论行为，都不能让人满意，说他"茅塞"，不算过分。假如因为偏私让他在这个世上暂且获得一个好名声，固然也不算困难，只是这不是前代的贤人对后学者所期望的，对他的欣赏还不足以抵消对他的惋惜的万分之一啊。希望你谨慎思考并努力去做。

此间的情形，终究不是书信能够说明白的，季和能够努力进取，那么自然为人所信服。总卿丘崇的疑惑，可以不必计较了。

【导读】

孙季和(1154—1206年)，姓孙名应时，字季和，号烛湖居士，绍兴余姚(今浙江余姚)人。八岁能文，乾道八年(1172年)入太学。在太学期间，孙应时有幸结识了赴京参加会试的陆九渊，言谈之间深为陆氏的学问所折服，于是就拜他为师。后来，孙应时又亲临槐堂受业。宋孝宗淳熙二年(1175年)孙应时中进士，授黄岩尉，为常平使朱熹所爱重，两人交为好朋友。绍熙元年(1190年)，丧满除服，起复任浙江遂安县知县。绍熙二年(1191年)应四川安抚制置使丘崈的邀请入蜀为幕僚。庆元二年(1196年)，孙应时改知平江府常熟县，颇有善政。三年任满，两浙路平江府知府因私恨污蔑他亏空仓库粮食三千斛(其实是前任县令积欠的赋税），士民得知这一消息，纷纷自发地担负车载，来到府衙门前，希望能够代为偿还。知府见此情形，非但没有受感动，反而对孙应时更反感了，竟然夸大其词地将这件事上报了朝廷，孙应时到底没能摆脱降职罢归的厄运。宁宗开禧二年（1206 年），孙应时被起用为邵武军判官，未赴任而病卒，享年 53 岁。有《烛湖集》二十卷传世。

孙季和在绍熙二年西行入蜀时给陆九渊写信，报告自己的近来行踪，对西行入蜀而不能奉养老母深感不安；同时也谈论了一些学术上的问题。陆九渊的回信就此作了回应。

首先，陆九渊劝慰孙季和不必为西行不安。一是父母对男儿的期望就是志在四方，而不是守在膝下；二是家中还有两位兄长，谈不上老母无人奉养。接着举出颜回随孔子周游列国的例子，说明男儿要立志高远、历经苦难而不悔。又引用孟子的话，说明一个人只要永存善良之本心不受伤害，不纵容，不堕落，那就是对老母最好的侍奉；否则，即使天天大鱼大肉地供养，那也是不孝。陆九渊这样劝慰别人，其实他自己就是这样做的。他辞别家人远赴次边之地荆门，并以身殉职，实现了男儿志在四方的宏伟抱负。

其次，陆九渊回应了孙季和关于学术问题的疑问。这是本文的重点。陆九渊强调治学必须"至道"，要不断进取，否则就会像蛆蠹、蟊贼一样自满不前。陆九渊以"路"为譬喻，荒僻小径如果每天有人去走，就会变成大路；即使是大路一段时间不用，也会被茅草堵塞。做学问也是如此，只有找对方向并勤奋努力，才能有所收获。接着又引用孔子"知及之，仁不能守之，虽得之，必失之"的名言，举出反面例子石应之。石应之有智力，以前也曾勤奋努力，大有成就一番事业的气势；但后来不能坚持陆学，"迷于异说""仁不能守之"，最终在学问上"至今茅塞"，令人叹惋。陆九渊谆谆教诲孙季和，"未能及应之"，石应之尚且如此，你就更应该加倍努力，吸取教训，"谨思而勉行"，表现了老师对学生的一片殷殷之情。

与傅克明①

【原文】

见所与毛君书及《颜渊善言德行论》，知为学不懈，大旨不畔，尤以为慰①。然学不亲师友，则斯文未昭著处，诚难责于常才②。独力私意未能泯绝，当责大志③。今时世人读书，其志在于学场屋之文④以取科第，安能有大志？其间好事者，因书册见前辈议论，起为学之志者，亦岂能专纯⑤？不专心致志，则所谓向学者未免悠悠一出一入⑥。私意是举世所溺⑦，平生所习岂容以悠悠一出一入之学而知之哉？必有大疑大惧，深思痛省，决去世俗之习，如弃秽恶⑧，如避寇仇，则此心之灵自有其仁，自有其智，自有其勇，私意俗习，如见晛⑨之雪，虽欲存之而不可得，此乃谓之知至，乃谓之先立乎其大者。何时合并⑩，以究此怀。

【注释】

①毛君：人名，生平不详。《颜渊善言德行论》：著作名，为傅克明所撰。大旨：大的宗旨，这里指孔孟儒家思想。畔：通"叛"，背叛，违背。

②斯文：语出《论语·子罕》："天之将丧斯文也，后死者不得与于斯文也。"斯，此。文，指礼乐制度。后因以"斯文"指礼乐教化、典章制度。常才：普通人。

③独力：一人的力量；单方面的力量。私意：私心；己意。这里指按照自己的想法附会曲解儒家经典。二者皆因不亲近师友所致。责：要求。

---

① 本文原载《陆九渊集》卷十五(中华书局 1980 年版，第 196 页)，写于绍熙二年(1191年)九、十月间。傅克明，陆九渊的学生，傅梦泉(字子渊)的族人，生平事迹不详。

④场屋之文：场屋是科举考试的代称。场屋之文是指科举考试中作的文章，如八股文、程文、制艺等。

⑤好事者：喜欢多事的人。因：从，由。

⑥向学者：求学者。向，归向，仰慕。悠悠：闲静的样子。一出一入：语出《荀子·劝学》："小人之学也，入乎耳，出乎口；口耳之间，则四寸耳，曷足以美七尺之躯哉！"意思是小人读书没有往心里去，学不到真知识。

⑦举世：普天下。溺：陷于危难。

⑧秽恶：邪恶；污浊。

⑨晛：阳光。

⑩合并：见面，会面。

【译文】

你写给毛君的信和编撰的《颜渊善言德行论》我都看到了，知道你做学问没有松懈，治学内容也没有违背儒家学说的宗旨，尤其为此感到欣慰。然而求学不能亲近师友，那么礼乐教化就没有明白彰显的地方，这的确难以责怪于普通人。在独力孤行和私意附会没能灭绝的情形下，就应当要求读书人树立大的志向。如今士人读书，其志向都在于学习科举应试的文章以取得科举功名，怎么能够有大志呢？这中间有好事的人，从书本中看到前辈的言论，才产生为学的志向，又怎么能专心致志和纯正无私？不能专心致志，那么所谓的仰慕学问的人未免悠闲地"一入一出"。私意是普天下陷于危难的根源，平生所学岂能容许悠闲地"一入一出"似的学习就都懂得了呢？一定要有大疑问大戒惧，深刻思索沉痛反省，坚决摒弃世俗的陋习，如同摒弃肮脏和邪恶，如同远离贼寇和仇人，那么此人心中自然有了仁爱，自然有了智慧，自然有了勇气，而私意和俗习，就如同见了阳光的雪花，即使想要存在也不可能了，这时就可以说他极其聪慧，就可以说他做到了"先立乎其大"。何时能够见面，来探究我的这些观点。

【导读】

本文主要是论述为学之道，指出"不亲师友"的危害。一个人不亲师友，只靠"独力私意"，是不可能获得真知的。陆九渊认为，为学一要专心致志，二要摒弃私意，三要大疑大惧，深思痛省，才能有所成就，才能称为"先立乎其大"。

对于本文，武汉大学国学院欧阳祯人教授在《民被其泽 道行其实——陆九渊在湖北》①一文中有详细而深刻的解读，兹节录于下：

这封书信内容十分鲜明、充实，言简意赅地把陆九渊的思想和盘托出。笔者有下面几个层次的解读。

第一层，"毛君"者，不知何许人也。然其《颜渊善言德行论》虽"大旨不畔"，但据陆九渊的行文，估计有三方面的问题，一是"不亲师友"，没有发人深省的内容，所以陆九渊称之为"斯文未昭著处"，文章平平，没有创造性；二是有"场屋之文"的某些气息，被陆九渊一眼识破，因而一针见血，痛批了"场屋之文"对读书人立志读书做人的害处；三是没有"大疑大惧，深思痛省"的思想基础，因而没有切近社会实际问题的功夫，没有独立思考带来的理论深度。

第二层，陆九渊认为，读书人读书，首先在于立志。但是何以立志？仅仅依据书册中"前辈议论"就"起为学之志"的"志"是靠得住的吗？在书册之中"一入一出"而得来的东西是十分肤浅的，不是深入人的灵魂的"专纯"之"大志"。"一入一出"，用的是《荀子》的典："君子之学也，入乎耳，箸乎心，布乎四体，形乎动静。端而言，蝡而动，一可以为法则。小人之学也，入乎耳，出乎口；口耳之间，则四寸耳，曷足以美七尺之躯哉！古之学者为己，今之学者为人。君子之学也，以美其身；小人之学也，以为禽犊。"（《劝学》）陆九渊一直声称自己是"私淑"孟子的学者，但是现在看来，他丝毫没有忽视孟子的对立面《荀子》中的思想资源，这反映了陆九渊厚实、阔大的胸襟和学术基础。陆九渊在此尖锐地指出了当今之世读书人不能立大志的根本原因是"私意未能泯绝"，贪图名利而急功近利，自然就人云亦云，不可能"立大志"。反对从书册中"前辈议论"之中来立志，言下之意就是要通过现实的人生体悟，通过切身的、深入灵魂的"深思痛省"，独立思考，

---

① 原文载于欧阳祯人主编：《陆九渊思想研究》，武汉大学出版社 2019 年版，第 262~263 页。

获得有创造性的思想。这既展示了他对"为学"（学术活动）的界定，也透露了陆九渊"先立乎其大"的真正含义。至为重要的是，陆九渊在这里真切地表明了他的理论是建立在"知行合一"的基础之上的。

第三层，陆九渊一直认为自己"生于末世"。在这里也是不例外的。在这篇文章中他对他所面对的时代有一个总的概括，那就是："私意是举世所溺！"这在当时的历史条件下，是振聋发聩的呼声和呐喊。通过这个判断，我们可以给"朱陆之争"定性，此其一；还可以解读陆九渊"人皆具是心，心皆具是理，心即理也"的真正含义，此其二。其一者，在陆九渊看来，朱熹的"道问学"用一些古人的条条框框装点门面，为统治者服务，是陷溺了中国文化的创造性特质，扭曲了先秦孔孟的精神；其二者，陆九渊说"天理人欲之分论极有病"。他的意思是说，天与理不可分，心与理也不可分，人与天更不可分。陆九渊的诗作"仰首攀南斗，翻身倚北辰。举头天外望，无我这般人"（《仰首》），描述的就是这种超人的状态。

第四层，何以立志？陆九渊有十分生动而深刻的表述："大疑大惧，深思痛省，决去世俗之习，如弃秽恶，如避寇仇，则此心之灵自有其仁，自有其智，自有其勇。"笔者以为，没有长期深入的思考，尤其是在那个时代，是写不出这段话来的。武汉大学的萧萐父先生在解读陆九渊"还我堂堂地做个人"时说道，陆九渊是在强调人们"必须警惕依附、盲从和奴化。他痛斥一切依附别人、依附权势、随波逐流或甘当'声、色、利、达'的奴隶的人，统称之为'附物'。他说'今人略有些气焰者，多只是附物，元非自立'。而强调人要有独立自主精神，不盲从，不迷信，不随风倒，'不随人脚跟，学人语言'，而要'自立''自重'，在治学学风上更力主'自得、自成、自道、不倚师友载籍'。针对当时的堕落风气，一些人'奔名逐利'，一些人'卑陋凡下'，一些人自陷于伦理异化的困境中而不能自拔，陆九渊大声疾呼：'要当轩昂奋发，莫恁地沉埋在卑陋凡下处。''此理在宇宙间，何尝有所碍？是你自沉埋，自蒙蔽，阴阴地在个陷阱中，更不知所谓高远底。要决裂破陷阱，窥测破罗网！''激厉奋迅，冲破罗网，焚烧荆棘，荡夷污泽！'这类激烈言词，散见于他的语录中，近乎冲决罗网的愤怒呐喊"。萧萐父先生把陆九渊定性为"十二世纪中国南宋时富有平民意识、独立不苟的思想家"，正是依据了陆九渊敢于"大疑大惧，深思痛省，决去世俗之习，如弃秽恶，如避寇仇"的精神。

第五层，只要在"大疑大惧，深思痛省，决去世俗之习，如弃秽恶，如避寇仇"的基础上树立了大志，"则此心之灵自有其仁，自有其智，自有其勇，私意俗习，如见晛之雪，虽欲存之而不可得，此乃谓之知至，乃谓之先立乎其大者"，这是陆九渊的理论目的。"先立乎其大者"之谓，在《陆九渊集·与邵叔谊》一文中是指的"纯一之地"。这个"纯一之地"就是"此心之灵自有其仁，自有其智，自有其勇，私意俗习，如见晛之雪"的诗化境界，是哲学性、美学性与宗教性三个层面的融合。陆九渊的意思是，一个人一定不能盲目地依附权威，一定要有"大疑大惧"的精神，才能独立思考，养成自由的学术精神，成就一个"堂堂正正底人"。这个"人"是一个超人，是天与理、心与理、人与天的统一，是德行之"知至"与践履"功夫"的统一。

通过上述五个层面的分析，我们已经真切地领略到，置身抗金的前线，陆九渊在资金匮乏、民心涣散、灾荒不断的情况下，以哲学的思想贯注他的军政工作，进一步强化了他知行合一、理论联系实际的思维方式。从整个陆王心学的体系上来看，我们确乎从陆九渊的身上看到了王阳明"知是行的主意，行是知的功夫；知是行之始，行是知之成"的发展脉络。

与罗春伯^①

【原文】

某夏中拜之任之命，适感寒伏枕，几至于殆，月余少苏，又苦肠痔^①。七月四日始得离家，九月三日抵二泉^②，即日交割。是间素号闲静，至此未尝有一字揭示，每事益去其烦，事至随手决之，似颇不忤于人心^③。士民相敬向，吏辈亦肃肃就职，狱中但有向来二大囚^④：一已奏未报，一已报而宪台未来审复，除此牢户可阒寂矣^⑤。自外视之，真太平官府。然府藏^⑥困于连年接送，实已匮乏，簿书所当整顿，庐舍所当修葺，道路当治，田莱^⑦当辟，城郭当立，武备当修者不少。朝夕潜究密考，略无少暇，外人盖不知也。真所谓心独苦耳。

今时仕宦书问常礼，与朝夕非职事应接者，费日力过半。比来于此等固不敢简忽，第^⑧亦不敢以此等先职事。拙钝之质，乃今尚有缺典。如台谏侍从当有启札，今皆未办^⑨。所恃群贤必不以此督过。万一致简慢之疑，更赖故人有以调护之。职事间有当控诉者，续^⑩得尽情。春伯资望日隆，宜在两地优^⑪矣。

濡笔以待庆牍，向寒为国保爱^⑫。

【注释】

①夏中：即中夏，亦称仲夏，农历五月。拜之任之命：前一个"之"是动词，到，去。后一个"之"是助词，的。拜命，意为接受命令。殆（dài）：危险，接近

---

① 本篇原载《陆九渊集》卷十五（中华书局1980年版，第197~198页）。据《陆九渊集》卷三十六《年谱》记载："即日亲事，上谢表。与罗点春伯书。"当写于绍熙二年（1191年）九月就任荆门知军之初。罗春伯，即罗点（1151—1195年）字春伯，宋崇仁县（今江西省崇仁县）人。他曾师从陆九渊，对陆甚为敬佩，感情深厚。

于(死)。少苏:略微好转。苏,困顿后得到恢复。

②二泉:指荆门城西蒙山脚下的蒙泉和惠泉,这里借指荆门。

③素号:一向号称;向来。揭示:张贴的启事、告示。这里表现出陆九渊工作的勤勉精神和亲民的优良作风。《象山先生行状》:"吏以故例白:'内诸局务,外诸县,必有揭示约束,接宾受词分日。'先生曰:'安用是。'延见僚属如朋友,推心豁然,论事唯理是从……接宾受词无早暮,下情尽达无壅。"士民:士大夫和庶民,泛指老百姓。忤(wǔ):违逆,抵触。

④肃肃:恭敬的样子,严正的样子。但有:只有。向来:原来,以前。

⑤审复:审查,核查。阒(qù)寂:意思是死寂,幽静。阒,亦作"闃",形容词,形容寂静。

⑥府藏(zàng):国家储藏财物的处所。

⑦田莱:正在耕种及休耕的田地,这里侧重于后者,特指荒芜不耕之田。

⑧第:但,但是。

⑨台谏侍从:泛指朝廷中的高级官员。台,指朝廷中掌管纠察的御史台官员。谏,指朝廷中掌管建言事宜的谏官。侍从:宋代称翰林学士、给事中、六尚书、侍郎为侍从。

⑩续:传递。

⑪优:协调,调和。

⑫濡笔以待庆牍:濡,沾湿,浸湿。牍(dú),书籍,文书。庆牍:本义是贺信。此处可解释为吉庆的来信。指罗点(春伯)的回信。向寒:寒冬即将到来。向,临近,将近。

【译文】

我五月接到去荆门军就职的任命书,当时正赶上感染风寒,躺在床上养病,差一点就要病死了,一个多月后才稍微有了好转,又因为痔疮发作而痛苦。七月四日才离家启程赴任,九月三日抵达荆门,当日就办理了政事交接手续。就任以来一直称得上闲静,我就任以来还没有张贴过一张告示之类的东西,每件事务都尽量去除那些繁琐的程序,有事情到来就随时予以处理,似乎也很能顺应人心。老百姓都互相敬重,府中的官吏也能严肃恭谨地做好工作,监狱中只有原来的两个大囚犯：一个已经审理完毕但还没有上报，一个已经上报了但宪台还没有来审查复核，除此以外牢里也是很清闲安静了。在表面看来，这荆门军真是一个太平无事的官署。然而官署中储藏的财物受困于多年的迎来送往，其实也很匮乏，各种文书簿册应该整理、损坏的房屋应该修葺、道路应该整修、荒芜的田地应该开垦、城郭应该修建、军备应该整顿等事务很不少。从早到晚潜心研究周密考察，没有一点空闲的时间，外人大概就不知道了。这就是人们常说的内心独自受苦吧！

如今与仕宦之间的书信问候等平常礼节，以及早晚之间与本职工作无关的应接事务，费时费力都超过了一半。从前对这些事本来不敢简慢忽视，但也不敢把它放在本职工作的前面。我本性拙钝，现在还有礼仪不周的地方，比如给朝中台谏侍从等官员应该发出的感谢信和人情，至今都还没有办理。我相信这些官员一定不会因为这件事而责备我的过错。万一因为简慢招致指责，还要依赖老朋友给予调解和呵护。在本职工作中如引起指控上告之事，还请尽情告诉给我。春伯的资历声望一天比一天高，真该在荆门和临安之间搞好协调啊。

我把笔润湿了，等待收到你的来信后及时回复。天气一天天寒冷起来，请你为国家保重身体。

【导读】

罗春伯（1151—1195年），号此庵，宋崇仁县（今江西省崇仁县）人。淳熙二年（1175年）举进士第二名（榜眼）。初授定江军节度推官，后荐为太学博士。十二年（1185年），任秘书郎兼皇太子宫小学教授。淳熙十四年（1187年），由户部员外郎兼太子侍读，调为太常少卿兼权知平江府。十五年（1188年），召为太常少卿兼侍立官。绍熙三年（1192年）十二月，调任代理兵部尚书。宁宗继位（1194年），拜罗点为端明殿学士，签书枢密院事。同年九月，罗春伯突然病故，年仅45岁，赠太保、周国公，谥"文恭"。罗点天性孝友，正直端庄，从不倚势压人，敢于发表自己的见解。

本篇主要介绍了陆九渊初到荆门的政务情况。陆九渊初到荆门，没有"新官上任三把火"，而是踏踏实实工作，"至此未尝有一字揭示""事至随手决之，似颇不忤于人心"。表面看起来工作轻松，实际上事务繁多：财务匮乏，整顿簿书，修葺庐舍，修治道路，开辟田地，修建城郭，整顿武备，以至于从早到晚潜心研究，周密考察，没有一点空闲的时间。"真所谓心独苦耳"，一句感叹，让我们看到陆九渊全心全意投身政务的形象。

与此同时，陆九渊对当时流行的官场"常礼"——迎来送往——颇为不满，又不得不费时费力予以应付，但他"第亦不敢以此等先职事"，始终把做好本职工作放在第一位，哪怕因此而得罪其他官员也在所不惜，从中我们可以看到陆九渊的工作态度和求实精神。

与薛象先(一)^①

【原文】

　　此月三日抵二泉^①，即日交割，公文谅久已彻视。诸事皆仍旧贯，到此并无一字揭示^②，无随行人，一榜亦吏呈旧比从之，户庭颇无壅塞，事至随手决之，颇无忤于人心^③。是间元^④少诉讼，今至于无。其血脉盖有在号令刑政之表者^⑤，兄能谅之。然事当料理者甚众，潜究密稽，日不暇给，外殊不见其形也。

　　财计亦以连三年接送，占压颇多，卒未有还补之策。考其实，与言者殊不相应。元章交割时公库缗钱万八千有奇^⑥，今所存仅五千缗耳。岁入倚浆肆^⑦，所以为来岁资者，又当取诸其中，军资库尤为匮乏。其势未至于不可为，然不为之樽节，则日蹙矣^⑧。

　　监司郡守数易，诚今日之大弊^⑨。比阅邸报，知兄未得请，亦不独属郡之幸，幸少安以惠重湖之民^⑩。

　　乍到，首遣两司迎接，兵卒各有借请，义勇又适秋阅，见迓兵卒，又有未请衣赐^⑪。会庆圣节^⑫，吏以仪式诸物弊坏，举陈当修，所不敢忽。子城^⑬砖工费日取于军资。又创东岳庙，工才半。诸库日支，率多于所入。会计之事不容不精详而为之所。

　　荆门岁输马草二千缗，分作四季起发，赴使台^⑭都钱物库交纳。春夏已纳足，今正当输秋季钱。前此系三分输纳铜钱，本军比年系行使铁钱地分，令禁日

　　① 此篇原载《陆九渊集》卷十五（中华书局 1980 年版，第 198~199 页），写于绍熙二年九月，即陆九渊上任当月。薛象先，即薛叔似（1141—1221 年），字象先，永嘉城内（今温州鹿城区）人，时任荆湖北路转运判官。

严，无得铜钱输纳⑮。每是将会子到鄂渚兑换铜钱⑯，所费颇多。今欲乞只以会子输纳，望特达允从为幸！

此间形势，正宜积粟聚兵，前此诸人乃未及讲求。张帅⑰有意为城于此。元善⑱闻有分成之意，前日相聚时乃不及此。到应城见刘宰⑲，言元善有此意。二公慨然如此，岂亦天时耶？幸有以相之。子城次第，秋阅毕便发手为之，俟见端绪⑳，当一一具闻也。

【注释】

①二泉：荆门城西的蒙泉和惠泉，这里代指荆门。

②仍：沿袭，依循。旧贯：原来的习惯。贯，"惯"的古字，习惯。揭示：张贴的告示之类。

③一榜：意思是全榜，指科考录取的全部名单。这里借指荆门军衙门全体官吏。旧比：旧例。比，例，可以仿效或依据的事情。忤：违逆，抵触。

④元：原来，本来。

⑤血脉：人体内血液运行的脉络，这里比喻施政内容和条理。盖：大概。表：外面。

⑥元章：即黄黼，字元章，乾道进士，历任太学博士、两浙转运使、权兵部侍郎等。此时刚卸任知荆门军，由陆九渊接任。缗钱：用绳子穿着的钱，宋制一千文钱为一缗，也叫一贯。有奇(jī)：有余，多一点。

⑦浆肆：即酒肆，酿酒、卖酒的行业，这里泛指手工业、商业等。

⑧撙(zǔn)节：克制，节省。"樽"通"撙"，抑制，节省。日蹙(cù)：一天比一天窘迫。蹙，窘迫。

⑨监司：宋代在中央与府、州之间，设监察区"路"，路级机构有转运司(俗称"漕司""发运使")、提点刑狱司(俗称"宪司""宪台""提刑司")、提举常平司(俗称"仓司")等，除本职事务外，各司都兼有监察本路各级地方官吏之责，通称为"监司"。郡守：某某郡太守的简称。郡守属秦制，后世沿用，宋代一般称州、府、军的长官为郡守。

⑩比阅邸(dǐ)报：近来看朝廷的官报。比，近来。邸报，朝廷的官报，又称"邸钞"。未得请：指薛象先请求退休的报告没有得到批准。属郡：所管辖的郡

县，这里指荆门军，当时为荆湖北路所辖。少安：略微安定；暂且安心等一会儿。重湖：多湖。因荆楚地区湖泊极多，故有此说。

⑪两司：指漕司和宪司的官员。义勇：宋代称地方武装乡兵为义勇。《宋史·兵志五》："时有欲以义勇代正兵者，曾公亮以为置义勇、弓手，渐可以省正兵。"适：恰好，正巧。秋阅：秋季阅兵。按宋制，一年春、秋两次阅兵，以秋季为主。迓：迎接。

⑫会：恰巧，适逢。庆圣节：古时皇帝的诞生日，这里指宋光宗的生日(农历九月三十日，宋光宗赵惇还把这天定为重明节)。

⑬子城：大城所属的小城，即内城或附在城垣上的瓮城或月城。这里指荆门军的城墙，因城墙规模较小，故称为"子城"。

⑭使台：对宋代"路"监司诸使的尊称。此处指仓司(提举常平使，尊称提举使台，略称使台)。

⑮比年：近年。铁钱：用铁铸的钱。南宋的钱分铜钱和铁钱，为防止铜钱流入金朝，荆门军当时使用铁钱，禁止使用铜钱。

⑯会子：南宋的一种纸币。鄂渚：地名，即今武汉市武昌。

⑰张帅：指荆湖北路安抚使张森。

⑱元善：即詹体仁，字元善，时为湖广总领，驻武昌。

⑲刘宰：应城县刘县令。

⑳次第：依次，这里指筑城的各项事务。俟：等到。

【译文】

这个月初三抵达荆门军，当日就交割了公务，报送的公文想必很早就看到了。各种事情都沿袭原来的习惯，我到这里还没有发布一个告示，没有随行的人员(充任官吏)，各衙门的官吏也依从旧例，衙门的军政事务都没有积压，有事到来随手就解决了，处事颇得士民之心。这里本来诉讼就很少，如今竟至于没有诉讼了。其中的内容和条理大概有超出刑政号令以外的，兄当能谅解。然而应当料理的事情也有很多，潜心研究细致考察，每天没有空闲的时间，外人很难知道这种情形。

财务也因为接连三年的迎来送往，被占压了很多，一时还没有补充的方法。

考察财务的实际情形，和他们所说的很不相应。元章在交割时说公库的缗钱有一万八千余贯，如今所存仅有五千贯罢了。每年的收入依靠手工业和商业，以此作为来年的开支，又要在这中间支取，军资库藏尤其匮乏。情势还没有到不可为的地步，但是如果不为此克制节俭，就会一日比一日窘迫了。

监司、郡守频繁更换，实在是今日的一大弊端。近来看朝廷的邸报，得知象先兄退休的报告没有得到批准，这不仅仅只是荆门军的幸事啊！希望你暂且安心等一会儿，继续给荆楚人民带来恩惠。

初来乍到，首先派遣两司官员前来迎接，还请来许多士兵相迎。乡兵又赶上秋季检阅，我看见来迎接的士兵，有的还未获得皇帝赏赐的新衣。适逢庆圣节，管理人员因为举行仪式的诸多物品破败损坏，写报告要进行修葺，也不敢忽视。修城墙的砖石费和人工费每天从军资中支取。又创建东岳庙，工程才到一半。各府库每天的支出，大抵都多于每天的收入。会计的事情不容不精细详尽地做好啊。

荆门军每年上缴马料钱两千贯，分作四季发送，到仓司大钱物库交纳。春夏两季已经足额交纳，如今正是交纳秋季马料钱的时候。以前此地是十分之三要交纳铜钱，荆门军近年来是使用铁钱的地界，禁用铜钱的禁令越来越严，所以没有铜钱交纳。每到此时，要用会子到鄂州兑换铜钱，所需费用很多。现在想请求只用会子交纳，希望特别给予允许为幸！

如今荆门军的形势，正适合积蓄粮草招募兵卒，以前的几任官员还来不及进行此事。张帅有意在荆门筑城。听说元善有分城防守的意思，前几天相聚时没有说到这些事。到应城见到刘县令，说到元善有这个意思。张帅和元善都慨然如此支持，大概也是碰到天时了吧？所幸有人相助。修筑城墙的一些事务，秋阅完毕后就起手进行，等到有了头绪，当详细地告诉你。

【导读】

此篇写于绍熙二年(1191年)九月，即陆九渊上任当月，从文中"此月三日抵二泉，即日交割，公文谅久已彻视"叙述可知。薛象先，即薛叔似。南宋乾道八年(1172年)进士。授迪功郎，明州鄞县主簿。淳熙五年(1178年)十一月到官。八年六月，因少保史浩举荐，任敕令所删定官。十二年八月，迁太常博士。十五年二月，为左补阙，劾宰相王淮久妨贤路，被罢官。绍熙元年（1190 年）七月，外任荆湖北路转运判官（漕使）。绍熙三年（1192 年）六月离任，除太常少卿。累官至兵部尚书、宣抚使、端明殿学士。《宋史》有《薛叔似传》。

本篇主要介绍陆九渊初到荆门的政务情况。

一是初到荆门的工作情况。俗话说"一朝天子一朝臣"，新官上任往往从人事安排入手。但陆九渊却不是这样，"诸事皆仍旧贯，到此并无一字揭示，无随行人，一榜亦吏呈旧比从之"，用人还是原来的人，办事还是原来的方法。这并不是陆九渊不思进取，而是要摸清情况再有针对性地改进，"然事当料理者甚众，潜究密稽，日不暇给"，这才是陆九渊工作的现状。

二是叙述荆门财政之匮乏。因多年接送，公库缗钱被严重占用，账面上虽有一万八千缗，而实际仅五千缗，造成荆门军财政匮乏。加上收入来源有限，"岁入倚浆肆……军资库尤为匮乏"；各种支出纷至沓来，所以必须精打细算，才不至于"日蹙"。

三是向薛象先请示，要求只用"会子"交纳马草钱。当时荆门军为"次边"之地，为了防止铜输入金国资敌，规定只能使用铁钱而禁用铜钱。往年规定，所交纳的马草钱，十分之七用会子交纳，十分之三用铜钱交纳。老百姓手中没有铜钱，只好用会子兑换，其间产生很多费用，加重了老百姓的负担。陆九渊了解这一情况后，提出请求，其关心民生的精神实属难能可贵。

四是讨论荆门军的防御问题。陆九渊认为，荆门军的地理形势，适合"积粟聚兵"，积极准备修筑荆门城墙，并打算"秋阅毕便发手为之"，这种雷厉风行的作风亦颇令人敬佩。

与薛象先(二)^①

【原文】

某到此询访民间疾苦，但得二事：其一是税钱役钱^①等，令民户分纳铜钱。比年铜钱之禁日严，此地已为铁钱地分，民户艰得铜钱为苦。官或出铜钱以易会子，收三分之息，而吏胥辈收其赢，故民以重困^②。其一事是坊场买名钱^③，须纳银买名，人户亦困于此。

然买名钱须闻于朝与仓台乃可，又所困者非农民^④。至如税钱役钱纳铜钱，乃州郡与胥吏得其利，故断然因民之请而尽罢之。盖以铁钱地分，其铜钱之禁严，民不敢有此，义不当责之输于公。

今岁计方窘，平时所藉者商税^⑤。比时边郡榷禁严甚，商旅为之萧条^⑥。此两月税课之损几及千缗。若令民户输铜钱，于郡计亦有补。然不敢计此，以为制事以义^⑦，乃当然耳。故敢求免贴陌于使台^⑧。前书未蒙垂允，无乃执事未之深察^⑨。更望断之以义，赐化笔^⑩免之，不胜幸甚！湖北系铁钱地分无几，决无他处援例^⑪之患，且在使台亦何闻此。不然，异时官吏或挟此以扰百姓，谁执其咎？

切幸痛察，力疾布此，未暇他及^⑫。

【注释】

①税钱役钱：纳税的钱和从事劳役的钱。

---

① 本文原载于《陆九渊集》卷十五（中华书局 1980 年版，第 199~200 页）。陆九渊《年谱》记载："与漕使薛象先叔似书，与漕使论民间疾苦。"从内容看，本篇当写于陆九渊初到荆门不久。

②吏胥辈：指官府中低级办事人员和差役。重困：双重困厄。

③坊场买名钱：在坊场行业从业交纳的入行费用。

④朝与仓台：朝即朝廷，这里指宰相。仓台即仓部，属户部管辖，掌管粮仓的储积、出纳等事务。

⑤所藉(jiè)者：所依靠的。藉，凭借，依靠。

⑥榷(què)：即榷场，宋与辽、西夏、金、元等接壤的边境地区的互市市场。榷场设官，监督贸易和税收。商人在榷场贸易，须缴纳商税和牙钱。榷场贸易的违禁物品有多种，设置榷场的地点也经常变更，只能进行官方许可的贸易。

⑦制事以义：办事按照一定的道义和原则进行。

⑧免贴陌：罢免的公文。使台：对"路"漕司、宪司、仓司的尊称。

⑨无乃：比较委婉地表示对某一事或问题的估计或看法，相当于"恐怕""只怕"。执事：古代指侍从在左右供使令的人。旧时书信用来称呼对方，意思是不敢直说，故向执事者陈述，以表尊敬。这里指薛象先。

⑩化笔：同"花笔"，即生花之笔的简称，"批示"的赞美辞。

⑪援例：援引为惯例。

⑫力疾布此：奋力地写下这些内容，古代书信套语。力疾，奋力，用力。布：陈述，表达。

【译文】

我来到荆门军访问民间疾苦，只得知两件事：其一是纳税的钱和从事劳役的钱等，命令百姓部分交纳铜钱。近年来不准使用铜钱的禁令日益严格，本地已经成为使用铁钱的地方，百姓把难以得到铜钱当做困苦。官府有时拿出铜钱与会子交换，收三分利息，而官府中的办事人员和差役得了这些好处，所以百姓受到双重的困厄。另一件事是在坊场从业的买名钱，要交纳银钱取得在坊场从业的名分，百姓也受困于此。

然而(改革)买名钱要报告给宰相和仓台才可执行，受到困苦的也不是农民。至于像纳税钱和劳役钱要交纳铜钱，是州郡官员和下属办事人员及差役得到了好处，所以断然根据百姓的请求而全部废除了这些规定。因为在使用铁钱的地方，不准使用铜钱的禁令很严格，百姓不敢拥有铜钱，按道理不应该要求他们拿铜钱交纳给官府。

今年的收支计划很窘迫，平时依靠的是商贸税收。近来一段时间边界州郡的贸易市场禁令十分严格，来往的商人和旅客也因此萧条。这两个月的税收损失几乎达到千贯。如果命令百姓交纳铜钱，对于州郡的收支也有补益。但是不敢这样做，是以为办事要按照一定的道义和原则进行，是理所当然的。所以敢于向使台请求取消交纳铜钱的公文。先前的报告没有得到批准，恐怕是你还没有深入考察。更期望按照道义和原则来判断这件事，并用你的生花妙笔免去这一规定，就不胜幸运了。湖北使用铁钱的地方没有几处，绝无其他地方援引为例的担忧，况且在使台也没有听到这种情况。不然，以后的官吏有的凭着这一条来侵扰百姓，谁来担待他们的过失？

深切盼望你深入考察，奋力写下这些内容，无暇提及其他。

【导读】

本篇主要讨论了两件事。

陆九渊初到荆门，便深入民间访贫问苦，了解民情，访得两个情况：一是民户交纳马草钱时，要用会子兑换铜钱，需交纳三分利息，这无疑加重了老百姓负担。二是商人到市场经商，要交纳"买名"钱，这无疑阻碍了商业的发展。为减轻民众疾苦，发展商业增加收入，陆九渊向上级请求，欲革除这两项弊政。

尤其令人动容的是，陆九渊为改革弊政，以致反复请示，不遗余力。前一次请求没有得到批准，他认为是管事的人没有深入体察到这种弊政带来的危害。于是再次写信请示，"望断之以义，赐化笔免之"。末尾写道"切幸痛察，力疾布此，未暇他及"，陆九渊为改革弊政而心急如焚的心情，至此跃然纸上！

与朱子渊①

【原文】

某才短智拙，不习为吏，作此乘障，真如面墙①。初闻是间素有储积，今稽②其实，亦仅足耳。年来库藏，占压颇多，所入有限，未易还补。元章初交割时，公库缗钱万八千有奇，今才五千耳。盖元章桩留③万缗，为修子城计。略会其费，曾未十一，是役固未易举，而军资常平④占压之数，未知所偿。

读所惠三《记》，不胜厚颜⑤！驽骥之分，其在此矣。乍到，一番常礼，乃今甫定，簿书未及深究⑥。更须旬月，当稍自竭，稽其本末，详以求教。刀圭⑦一粒，想无吝也。便风能豫以其凡先施，尤所望也⑧！某居常深念，人不可以自弃，义不可以少忘。虽其驽蹇，每当策励，庶几十驾⑨。其于当世贤才，每怀邻富之愿。有如执事，岂宜久于南服⑩。比来纷纷，多所未喻，何止教民兵一事。伯骏得衢，固可喜，然此公自亦伤弓，恐设施处未必能尽其材也⑪。元德直节已报行矣⑫。时事不知竟如何？天下一家，痛痒⑬未尝不相关也。发明此理，不无望于执事，愿涵养以需之，明主可为忠言，便当拭目⑭。

【注释】

①作此乘障：指就任荆门军知军。乘，守。障，边塞小城。面墙：同"面壁"，面对墙壁而立，旧时学校里对犯错学生的一种惩罚。

———————

① 此篇原载于《陆九渊集》卷十五（中华书局1980年版，第200页）。从文中"某才短智拙，不习为吏，作此乘障，真如面墙"来看，当写于陆九渊到荆门军上任不久。朱子渊，生平事迹不详，从信中内容看，其大抵在广南路任职。

②稽：考察，考核。

③桩留：预留。

④常平：即常平仓，国家用来调节粮价、备荒赈灾的粮仓。

⑤厚颜：羞愧，难为情。

⑥甫：始，才。簿书：官府的文书、档案。

⑦刀圭：本指医术，这里指解决问题的好方法。

⑧便风：适宜的风，比喻朱子渊的指导和帮助。豫：预备，事先准备。

⑨驽蹇：驽，马质性钝劣。蹇，跛脚的牲畜。策励：用马鞭驱赶。策，马鞭。庶几：或许，差不多。十驾：比喻路程很远。驾，马拉车一天所走的路程。《荀子·劝学》："骐骥一跃，不能十步；驽马十驾，功在不舍。"

⑩执事：对对方的敬称。南服：南方。周代以距离京城远近为标准，将土地分为五服，在南方者，称南服。

⑪伯骏：人名，陆九渊的学生。得衢：在衢县为官。伤弓："伤弓之鸟"的略语，义同"惊弓之鸟"。

⑫元德：即李详，字元德，隆兴元年(1163年)进士，历任国子司业、宗正少卿、直龙图阁。直：当值，值班。

⑬痛痒：比喻紧要的事。

⑭需：等待。拭目："拭目以待"的略语。

【译文】

我才智短拙，不习惯做官，如今就任知荆门军，真的就像"面墙"一样。当初听说这里府库素来就颇有积储，如今考察实际情况，也仅仅够日常开支罢了。多年来库中储藏，被占压的很多，收入又有限，不容易补足亏空。元章当初交割时，公库账上有缗钱一万八千余贯，如今实有五千贯罢了。大概元章预留一万贯，是为了准备修筑城墙吧。大略计算修筑城墙的总费用，这些竟然不到十分之一，这个工程本来不是能轻易进行的，而军费和常平仓被占压的数目，不知道怎样来补偿。

阅读你赠送的三篇《记》，不胜羞愧！驽马和骐骥的区别，就在这里了。刚到荆门，免不了一番常规礼仪往来，如今才安定下来，官府中的文书档案还来不及深入研究。再过十天或一月，就稍微能够尽自己的能力，考察出原委始末，再详细地向你求教。一些解决问题的好方法，想来你不会吝啬吧。你的意见能让我在事先就有所准备，这尤其是我所盼望的。我日常深深感念，做人不可以自暴自弃，道义不可以片刻忘记。即使是驽马和跛畜，每当遇到马鞭的驱赶，差不多也能走出"十驾"远路。对于当今的贤能之人，我往往怀有希望邻里富裕的心愿。比如像你，哪里适宜久处南方呢？近来诸事纷繁，很多不明白，哪里只有教育民众兵卒这一件事？伯骏到衢县做官，固然可喜，但这个人自己有些成"惊弓之鸟"，恐怕在那里未必能够充分发挥他的才能吧。元德出使听说已经出发了。时事不知道到底怎么变化？天下都是一家，紧要的事未尝不是相互关联的。明白了这个道理，无不寄希望于你，希望你修身养性耐心等待，明主定能采纳忠言(重用你的)。我们当拭目以待。

【导读】

　　书信开篇叙述自己初到荆门任知军的心情：感到自己"不习为吏"，面对公务"真如面墙"。而当时荆门的情况是：财政匮乏，百废待举，困难重重，账面上"公库缗钱万八千有奇"，而实际上"才五千"罢了。

　　面对这种局面，陆九渊并没有丧失信心："人不可以自弃，义不可以少忘。虽其驽蹇，每当策励，庶几十驾。"只要不自暴自弃，不忘到任荆门知军的初衷，尽到自己的力量，就能够为官一任造福一方。陆九渊是这样说的，也是这样做的，从后来的事实看，他践行了自己的诺言。

与刘漕^①

【原文】

计南浦之集，行将四换岁矣①。伏自使华之东，尺纸问讯亦复阔绝②。怀仰盛德，我劳如何！杏山崔嵬，蒙泉清澈，金莲在底，华叶可数③。民愿士淳，易于开导，作奸为祟者，姓名可记，藏拙之地，孰便于此④？第斗垒事力有限，频岁送迎，寖尔空竭⑤。榷酤商征，今日所仰⑥。比来并边法禁日密，行旅为之萧条，场务⑦日入，顿以亏损。迁愚临此，未知所以善后，长者何以振之⑧？

吴仲权得武冈，尚迟次⑨。傅子渊在衡阳，士人归之，太守亦甚礼之⑩，但向来有一二同官不相乐，颇有违言，然子渊处于裕如也⑪。邓文范为丞，德化政声甚美，常摄两邑，皆整其弊坏，民之戴之，不愧于史册所书⑫。皆向来会中客，恐欲知之⑬。何时复如囊集，以快此怀⑭。

【注释】

①南浦之集：指淳熙十五年(1188 年)秋八月，陆九渊拜访江西帅王谦仲时，与刘漕、吴仲权、傅子渊、邓文范等人的聚会。南浦，地名，今江西省南昌市西南。四换岁：四年。

②使华：对身负君命外任官员的美称，这里指刘漕。之东：向东去。之，动词，去，往。尺纸：指代书信。阔绝：距离很远，时间很久。

③杏山：指荆门城西的蒙山(今名象山)，是春秋时期老莱子的隐居之地。

---

① 本篇原载于《陆九渊集》卷十五(中华书局 1980 年版，第 200～201 页)，亦当写于就任荆门军不久。刘漕，即漕运使刘某，生平事迹不详。

三国时吴国董奉隐居庐山，种杏换谷，人称"杏田"，后因以"杏田"比喻退隐者的田园，这里当由此转化而来。清澈：清净透明。金莲：一种水生植物，蒙泉水池中有之。华叶：花叶。华，同"花"。

④民愿士淳：平民谨慎老实，士人（读书人）质朴敦厚。愿，质朴，恭谨。藏拙：藏其拙劣，不以示人。常用作谦辞。

⑤第：转折连词，但，但是。斗垒：小小的城垒，这里指荆门军。事力：能力，实力。频岁：连年。寖尔空竭：渐渐地空虚干竭了。寖，通"浸"，渐渐，逐渐。

⑥榷酤（què gū）商征：榷场交易和卖酒的商业赋税，这里泛指各种商业赋税。榷，榷场，古代官方管理的专卖场所。酤，打酒。仰：依靠。

⑦场务：市场的税收。

⑧迂愚：迂腐愚昧之人，自谦之辞。所以：用来，用什么来。长者：年长的人，这里指刘漕。振：拯救，挽救。

⑨吴仲权：陆九渊的学生。武冈：地名，今湖南省武冈县。迟次：需要等待现任官员期满离任后，自己再去上任，也叫"待次""代阙""守阙"。

⑩傅子渊：即傅梦泉，字子渊，陆九渊的高足弟子。时任衡阳教授。太守：这里指衡阳府知府。

⑪同官：同僚，同事。违言：不合情理的话。裕如：宽宏，宽容。

⑫邓文范：即邓约礼，字文范，陆九渊的学生，在槐堂书院中称为斋长，有求见陆九渊的，陆九渊有时就让他代为接见，淳熙五年（1178年）中进士，授德化县丞，历任温州教授、常德府推官。政声：施政的名声。常摄两邑：指其任职温州和衡阳。常，通"尝"，曾经。摄，辅佐。戴：感激。

⑬向来：往昔，从前。会中客：聚会中的客人，参见注释①。

⑭何时复如囊集：什么时候收到你的回信。复：回复，这里指回信。如：往，到……去。囊：袋子。

【译文】

从南浦聚会到今天，将近有四年了。自从你赴任东去，书信往来问候也断绝了很长时间。怀想和仰慕你的盛德，我不知道怎样回报！荆门军蒙山高耸，蒙泉流水清澈响亮，金莲生长在泉水池底，花和叶子都历历可数。这里平民谨慎老实，读书人质朴敦厚，很容易开导教化，那些做奸邪事情和惑乱民众的人，名字都被记录在案，隐藏自己才能短拙的地方，哪有比这里更好的呢？但是荆门军能力有限，连年的迎来送往，府库渐渐地空虚枯竭了。交易市场和各行业的商业税收，是如今的依靠。近来两边的法令禁止日益严密，往来旅客因此而萧条，市场税款每天的收入，顿时减少了很多。我来到此地，不知用什么来善后，你有什么方法来挽救这种情况吗？

吴仲权得授武冈的职位，还在候任之中。傅子渊在衡阳，读书人都归向他，知府对他也很讲礼仪，只是一向有一两个同僚与他不和，颇有一些不合情理的言语，然而子渊都能宽容对待。邓文范任县丞，在德化施政的名声很好，曾经在温州和常德府两地为官，都能整理当地破旧和损坏的东西，民众很感激他，不愧于将来史书上记载一笔。以上几个都是昔日南浦聚会中的人，恐怕你也想知道他们的情况(所以写了这些话)。什么时候收到你的回信，我心情将十分愉快。

【导读】

此篇主要写了两方面的内容。

一是叙述荆门的民风民情以及政务情况。在陆九渊看来，荆门是一个不错的地方。这里风光优美，"杏山崔嵬，蒙泉清澈，金莲在底，华叶可数"；而且民风淳朴，"民愿士淳，易于开导，作奸为祟者，姓名可记"。因此正好是自己的"藏拙"之地。但是，荆门又是一个偏僻小镇，财力有限。加上"频岁送迎"，更觉空乏。收入只能靠商税酒税，并且边禁一天比一天严厉，以致入不敷出。面对此情此景，该如何振兴？这也是陆九渊日思夜想的问题吧。

二是和刘漕叙旧。从前在南浦聚会的朋友，如今虽然各奔东西，但都取得了不错的政绩，"士人归之"，"德化政声甚美"，"民之戴之"，其中虽不乏溢美之词，但从中也体现出陆九渊对任职地方官吏的政绩追求，那就是要造福地方百姓。

与吴斗南^①

【原文】

《易古经》为贶，喜知雅志，第剧中未暇周览^①。

塞宇宙一理耳。上古圣人先觉此理，故其王天下也，仰则观象于天，俯则观法于地，观鸟兽之文与地之宜，近取诸身，远取诸物^②，于时始作八卦，以通神明之德，以类万物之情，于是有辞、有变、有象，有占，以觉斯民^③。后世圣人，虽累^④千百载，其所知所觉不容有异。曰"若合符节"，曰"其揆一也"，非真知此理者，不能为此言也^⑤。所知必至乎此，而后可言通天下之志，定天下之业，断天下之疑。自此道之衰，学者溺于所闻，梏于所见，不能自昭明德^⑥。己之志不能自辨，安能通天下之志，定天下之业，断天下之疑哉？

今世所传揲蓍之法，皆袭扬子云之谬，而千有余年莫有一人能知之者^⑦。子云之《太玄》，错乱蓍卦，乖逆阴阳，所谓君不君，臣不臣，父不父，子不子^⑧。由汉以来，胡虏强盛，以至于今，尚未反正^⑨。而世之儒者犹依《玄》以言《易》，重可叹也。何时合并，以究此理^⑩。

适值数日纷冗拨置，占复草草，必有以亮之^⑪。

【注释】

①《易古经》：书名，一名《古易经》，吴仁杰(斗南)所著。贶(kuàng)：赐

---

① 本文原载《陆九渊集》卷十五(中华书局 1980 年版，第 201～202 页)。据《陆九渊集》卷三十六《年谱》记载："答罗田宰吴斗南书，论《太玄》"，本文当写于绍熙三年(1192 年)三月。吴仁杰，字斗南，一字汉英、南英，号蠹隐居士，生卒年不详，时任罗田县令。

给。第剧中：只是在繁忙中。第，只，只是。剧，繁多。

②王（wàng）天下：统治天下。王，称王。文：花纹。地之宜：即地利。宜，适合，适宜。

③类：类推，类比。辞、变、象、占：皆为《易经》中的专用名词，是周易研究的对象。一般认为，"辞"是对现象的判断，"变"指变化或变通，"象"指现象和卦象，"占"指观察和预测。觉：使……觉悟。

④累：连续，累计。

⑤若合符节、其揆一也：语出《孟子·离娄下》："地之相去也千余里，世之相后也千有余岁，得志乎中国，若合符节。先圣后圣，其揆一也。"符：道，规律。节：法度。揆：准则，道理。一：相同，一样。

⑥溺：拘泥。梏（gù）：拘禁。昭：彰显。明德：美好善良的品德。

⑦揲蓍（shé shī）之法：占卜的方法。用蓍草占卜，用蓍草五十根，先取其一，余下的四十九分为两组，然后四根一数，以定阳爻和阴爻。袭：沿袭。扬子云：即扬雄，一作杨雄，字子云，西汉哲学家、文学家，蜀郡成都（今四川成都）人。早年作赋，有《甘泉赋》《蜀都赋》等名篇传世。后研究哲学，仿《易经》作《太玄》，以"玄"为宇宙万物的本源，认为"玄"幽深渺茫，高远广大，无所不在，无所不能，能统辖智、仁、勇、公、通、圣、命和阴阳道德等。原作已散佚，后人辑录有《杨子云集》。

⑧《太玄》：书名，西汉扬雄著。乖逆：违背，反于常理。

⑨胡虏：胡人。反正：返归正道。

⑩合并：见面。究：探究。重（zhòng）：副词，极；甚；十分。

⑪适值：正赶上。纷冗：繁杂的事务。拨置：治理，处置。占复：一边口占一边写回信，古代书信中的套话。占，口述（文辞）。草草：匆促的样子。亮：通"谅"，体谅，谅解。

【译文】

你送给我《易古经》，很高兴知道了你的雅趣，只是繁忙中还没有空闲时间全部读完。

充塞宇宙的都是同一个理。上古的圣人先觉悟到这个理，所以他统治天下，向上则观察天上日月星辰的形象，向下则观察大地高下卑显的法则，又观察鸟兽的花纹和山川水土的地利，近的就取象于人的自身，远的就取象于宇宙万物，于是创作出八卦，用来融通神明的德性，用来类比万物的情状，于是就有了"辞"，有了"变"，有了"象"，有了"占"，用这些使那些普通百姓觉悟起来。后世的圣人历经千百年，其所知所觉也不会有不同。说"所作所为相同"，说"准则法度一样"，不是真正懂得这个"理"，是不能说出这样的话的。懂得的道理必须达到这种程度，才可以说通天下的志向、定天下的大业、断天下的疑难。自从此理走向衰弱，学者拘泥于所听到的、局限于所看见的，不能自我彰显美好的品德。自己的志向尚且不能自我辨明，怎么能通天下的志向、定天下的大业、断天下的疑难呢？

如今所传的用蓍草占卜的方法，都是沿袭杨子云的谬误，然而一千多年来没有一个人能知道这些。杨子云的《太玄》一书，让蓍和卦颠倒混乱，使阴和阳反于常理，就是常说的君不像君，臣不像臣，父不像父，子不像子。自汉朝以来，胡人强盛，以至于到了如今，还没有返回正道。而世上的读书人还依据杨子云的《太玄》来解说《易》，真是可叹啊！什么时候见面，我们一起探究其中的道理。

正赶上几天来繁多的事务要处理，回信写得匆促，请你一定谅解。

【导读】

吴仁杰，字斗南，一字汉英、南英，号蠹隐居士，南宋史学家、经学家。淳熙五年（1178年）进士，历任罗田县令、国子学录等官；与朱熹、陆九渊讲求性理之学，时有书信往来。吴斗南工诗文，博通经史，精研《离骚》、易学及汉史，编撰《离骚草木经》《两汉刊误补遗》《易古经》等著作。

本文重点论述了两方面内容。

其一，陆九渊进一步强调了"理"的普遍性和融通性。陆九渊首先摆出自己的观点"塞宇宙一理耳"，这个"理"就是他著名的心学观点"心即理"的"理"。它充塞宇宙，上古圣人因为明白了这个"理"，再参考自然万物而创造八卦，"以觉斯民"。它亘古不变，虽然经历千百载，后世圣人"其所知所觉不容有异"。只有真明白了这个"理"，才有资格谈论"通天下之志，定天下之业，断天下之疑"，学者才能"自昭明德"。陆九渊曾反复强调"理"的重要性，他说："学者正要穷此理，明此理。……天下正理，不容有二。若明此理，天地不能异此，鬼神不能异此，千古圣贤不能异此。"①又说："乾坤同一理也，孔子于乾曰：'大哉乾元。'于坤则曰：'至哉坤元。'尧舜同一理也，孔子于尧曰：'人哉，尧之为君。'于舜则曰：'君哉尧也。'此乃尊卑自然之序，如子不可同父之席，弟不可先兄而行，非人私意可差排杜撰也。"②"理"是不依赖于人的主体意识而存在的，不管人能否认识它，都无损于"理"的存在。

其二，陆九渊谈了自己对当时易学研究的看法。陆九渊认为，易学研究从西汉以来，都受到杨子云《太玄》的影响，而《太玄》却是"错乱蓍卦，乖逆阴阳"，可谓谬误至极。但一千多年来却无人明白，至今仍沿袭《太玄》的观点研究《易经》，实为可叹。

---

① 《与陶赞仲(二)》，《陆九渊集》卷十五，中华书局1980年版，第194页。
② 《与赵咏道(四)》，《陆九渊集》卷十二，中华书局1980年版，第161页。

与李省干(一)^①

【原文】

某试吏于此，颇益自信此学之不可须臾离也^①。有朋自远方来，乃所大愿。承有意相与切磋乎此，敬延跂俟之^②。平甫旧相从，恨其端绪未明，未知所以用力^③。今此又交一臂而去，每为平甫不满^④。此学之不明，千有五百余年矣。异端充塞，圣经榛芜，质美志笃者，尤为可惜^⑤！何时共讲，以快此怀？未相见间，傥有所疑，以片纸寓诸邮筒可也^⑥。

【注释】

①试吏：任职为官的谦称。须臾：片刻，一会儿。

②承：敬辞，表示受到，蒙受。延跂：伸长脖子，踮起脚后跟，表示殷切期盼。延：伸长(脖子)。跂(qǐ)：踮起脚后跟。俟(sì)：等待。

③平甫：项安世，字平甫，一作平父，其先括苍(今浙江丽水)人，后家江陵(今属湖北)。早前与陆九渊弟子傅子渊等人往来，颇受启发；曾给陆九渊写信，欲投其门下。后又离开陆门。《宋史》中有《项安世传》。恨：遗憾。端绪：头绪，条理。

④交一臂而去：化用《庄子·田子方》："(孔子对颜渊说:)吾终身与汝交一臂而失之，可不哀与!"即交臂而失，比喻遇到了机会而又当面错过。交臂：胳膊

---

① 本文原载《陆九渊集》卷一(中华书局 1980 年版，第 13~14 页)。信的开头说"某试吏于此"，后面又没有谈到荆门的具体情况，推测是陆九渊刚到荆门不久所写。李省干，陆九渊的学生，生平事迹不详。

碰胳膊，表示亲近、接近。去：失掉；失去。不满：不满意，不愉快；不平，愤慨。

⑤异端：儒家称其他持不同见解的学派，泛指不合正统的学派。圣经：圣人的经典，指儒家经典。榛芜：荒废。质美志笃：品质好，志向坚定。

⑥傥：倘若，假使。寓：寄存，委托。

【译文】

我在荆门为官，更加相信不能与这种学说片刻分开了。有朋友从远方来访，是找十分期望的。承蒙你有意来荆门军与我切磋学问，我殷切期盼，等待你的到来。项平甫从前和你们在一起求学，很遗憾他没能明白求学的头绪和方法，不知道从哪里去用力。如今遇到了机会而又当面错过，每每对他感到不满意。这种学说不彰显，已经有一千五百年了。异端充满学界，圣人的经典都荒废了，那些品质好、志向坚定的人，尤其为他们感到可惜！何时能在一起讲习，使我的心情得到满足？在我们还未相见期间，倘若有什么疑问之处，写书信来交流就行了。

【导读】

本文是陆九渊给李省干写的回信，一是表达对李省干来访的期盼，二是谈对求学的一些看法。

文章开宗明义："此学之不可须臾离也。"

"此学"，何所指？当然是指他的心学了。陆九渊一生的辉煌在于创立学派，提出"心即理"的哲学命题，形成一个新的学派——"心学"。断言天理、人理、物理只在吾心中："宇宙便是吾心，吾心即是宇宙"，认为心即理是永恒不变的："千万世之前，有圣人出焉，同此心同此理也；千万世之后，有圣人出焉，同此心同此理也。"人同此心，心同此理。往古来今，概莫能外。他认为治学的方法，主要是"发明本心"，不必过多读书向外求索，"学苟知本，六经皆我注脚"。

至于怎样才能求得学问？陆九渊认为首先要明白求学的"端绪"，即求什么学问，按照怎样的方法和路径求得学问；如果这两个问题不能解决，就不知道往何方用功，其结果只能是使人遗憾。文中举了项平甫的例子。淳熙九年(1182年)项平甫给陆九渊写信说："安世闻陆先生之名，言者不一。往得交于傅子渊，警发柔情，自此归向取师之意始定。奉亲之官越土，多见高第及门子弟，愈觉不能自已。虽未得亲承于磬欬，然受沾渥亦已多矣。独念心师之久，不可不以尺纸布万一，伏乞加察。一二年来，数巨公相继沦落，任是事者，独先生与朱先生耳。"①淳熙十年(1183年)，项平甫又给陆九渊写信说："某自幼便欲为善士，今年三十一矣，欲望尊慈，特赐指教。"②信中说到他和陆九渊的学生傅子渊交往，从而萌生拜陆九渊为师的想法，可见他对陆九渊是非常推崇的。但后来他却"交一臂而去"，离开了陆学门派，在陆九渊看来，这是误入歧途了，因而"每为平甫不满"，并由此发出感慨，"异端充塞，圣经榛芜，质美志笃者，尤为可惜"。

陆九渊对项平甫的"可惜"难免带有一些门户之见，但他提出的求学要明"端绪"的主张却是极有见地的，值得每一个求学者警醒。

① 《年谱》，《陆九渊集》卷三十六，中华书局1980年版，第493页。
② 《年谱》，《陆九渊集》卷三十六，中华书局1980年版，第494页。

与李省干(二)^①

【原文】

古先圣贤，无不由学。伏羲尚矣，犹以天地万物为师，俯仰远近，观取备矣，于是始作八卦^①。夫子生于晚周，麟游凤翥，出类拔萃，谓"天纵之将圣"，非溢辞也^②。然而自谓"我非生而知之者，好古敏以求之者也"^③。《中庸》称之，亦曰："祖述尧舜，宪章文武^④。"尧舜相继以临天下，而皋陶矢谟其间曰："朕言惠可厎行^⑤？"武王缵太王、王季、文王之绪以有天下，未及下车，访于箕子，俾陈《洪范》^⑥。高宗曰^⑦："台小子旧学于甘盘，既乃遁于荒野，入宅于河，自河徂亳，暨厥终罔显^⑧。尔惟训于朕志：若作酒醴，尔为曲蘖；若作和羹，尔为盐梅^⑨。"人生而不知学，学而不求师，其可乎哉？

秦汉以来，学绝道丧，世不复有师。以至于唐，曰师、曰弟子云者，反以为笑，韩退之、柳子厚犹为之屡叹。惟本朝理学^⑩，远过汉唐，始复有师道。虽然，学者不求师，与求而不能虚心，不能退听^⑪，此固学者之罪；学者知求师矣，能退听矣，所以导之者乃非其道，此则师之罪也。

学于夫子者多矣，颜渊、闵子骞、冉伯牛、仲弓固无可疵^⑫；外此则有南宫适、宓子贱、漆雕开近于四子^⑬；三人之外，最后出如高子羔、曾子，虽有愚鲁之号，其实皆夫子所喜。于二人中，犹属意于子羔，不幸前夫子而死，不见其所成就，卒之传夫子之道者，乃在曾子^⑭。伯鱼死，子思乃夫子嫡孙^⑮，夫子之门人光耀于当世者甚多，而子思独师事曾子，则平日为子思择师者可知矣。宰我、

---

① 本篇原载于《陆九渊集》卷一(中华书局1980年版，第14~15页)，写于1191年陆九渊知荆门军任上。

子贡、有若，其才智最高，子夏、子游、子张又下一等[16]。然游、夏已擅文学之场，而堂堂乎子张[17]，子游犹以为难能。其言论足以动人，光华足以耀俗，诚非以愚鲁得号者所可比拟。至其传道授业，不谬于圣人，宰我、子贡、有若犹不在此位，况游、夏乎？故自曾子传之子思，子思传之孟子，乃得其传者，外此则不可以言道。

居今之时，而尚友方册[18]，取友当世，亦已难矣。足下求友之意切矣，顾不知迂拙之人果足以副足下所期否乎？

鄙文数篇录往，幸熟复而审思之，毋徒徇其名[19]而不察其实，乃所愿望！未相见间，或有未当于足下之意者，愿索言之，亦惟其是而已矣。愚见所到，固当倾倒[20]，正不必以世俗相期也。

【注释】

①伏羲：传说人类的始祖，教人们结绳为网，以佃为渔，从事渔猎畜牧。他始作八卦，是华夏史前文明的开创者。尚：时间久远。俯仰：形容沉思。备：完备，详尽。

②夫子：指孔子。麟游凤翥（zhù）：龙飞凤舞的，比喻圣人出世，不同一般。天纵之将圣：语出《孟子·公孙丑上》，意思是上天放他到人间成为圣人。溢辞：溢美之词，即过誉。

③我非……者也：语出《论语·述而》。意思是，我不是生下来就有知识的人，而是爱好古代文化、勤奋敏捷求得知识的人。

④祖述尧舜，宪章文武：语出《礼记·中庸》，意思是，孔子以尧舜为先祖加以转述，取法周文王、周武王的政治而加以阐明。

⑤皋陶：舜帝时掌管刑法的官。矢谟（mó）：陈述谋略。矢，陈述，陈列。谟，计谋，谋略。朕言惠可厎（dǐ）行：语出《尚书·皋陶谟》，意思是，我的话可以得到实行吗？这是皋陶陈述谋略之后，向禹的提问。禹回答说："当然！你的话可以实行并且可以成功。"厎：定。

⑥武王：即周武王。缵（zuǎn）：继承。绪：事业，功业。箕子：原为商纣王的叔父，任太师，封于箕，屡谏纣王不从，乃披发装疯为奴，遭纣王囚禁，武王灭商后被释放，以"洪范九畴"对答武王关于天道之问。事见《尚书·洪范》。

⑦高宗：即盘庚弟弟小乙之子，名武丁，商朝国王，在位五十九年。少时生于民间，生活困苦，知稼穑艰难，即位后奋发图强，扩充军力，起用傅说、甘盘等人，使国家进入极盛时期。死后被谥为高宗。

⑧台：我。小子：指年轻人。甘盘：武丁年青时的老师，商朝贤臣。既：穷尽，终了。自河徂(cú)亳(bó)：由黄河边迁到亳邑。暨：至，到。罔显：没有显著的才德。

⑨酒醴：美酒。曲蘖(niè)：酿酒的酒曲。蘖，通"糵"，酒母，制酒时所用的发酵物。盐梅：盐和醋。梅，梅子，因其酸，这里代醋。

⑩本朝理学：指宋朝的儒学。宋儒论学多言天地万物之理，故称理学。

⑪退听：退思听从。对照老师讲的省察自己的言行，听从老师的教诲。

⑫颜渊、闵子骞、冉伯牛、仲弓：都是孔子的弟子。疵：挑剔，指责。

⑬南宫适(kuò)、宓子贱、漆雕开：都是孔子的弟子。四子：指上句所列四人。

⑭高子羔、曾子：都是孔子的弟子。属意(zhǔ yì)：词为动宾式结构。意向专注于(某人、某事)。

⑮伯鱼：即孔子之子孔鲤，字伯鱼。子思：即孔子之孙孔伋，字子思。子思上承曾子，下启孟子，被尊为"述圣"。

⑯宰我、子贡、有若、子夏、子游、子张：都是孔子的弟子。

⑰堂堂乎子张：《论语·子张》："堂堂乎张也，难与并为仁也。"堂堂，仪容庄严大方。

⑱尚友方册：在典籍中和古人交朋友。尚友，上与古人为友。"尚"通"上"。方册，典籍。

⑲徇其名：遵从这个人的名气。徇，顺从，遵从。

⑳倾倒：佩服，心折。

【译文】

古代的圣贤之人，没有不是由于勤奋学习而成功的。伏羲是很久以前的人，还把天地万物当作老师，沉思于远近事物，观察和思考都很详尽了，这才开始作八卦。孔夫子出生于周代晚期，出生时龙飞凤舞，才智出类拔萃，说"上天降他来到人间成为圣人"，并非溢美之词。然而孔子自己却说"我不是生下来就有知识的人，而是喜好古代文化、勤奋敏捷求得知识的人"。《中庸》称赞他，也说："仲尼以尧舜为先祖而加以转述，取法周文王、周武王的政治而加以阐明。"尧舜相继为天下之主，而皋陶在陈述谋略时说："我的话可以得到实行吗？"周武王继承太王、王季、文王的事业，灭亡商朝而拥有天下，（进入朝歌）来不及下车，就去访问箕子，使他陈述了《洪范》一文。商高宗武丁（对傅说）说："我年轻的时候向甘盘学习，学成后就到民间去历练，住在黄河边上，后来又从黄河边搬迁到亳邑，至今还是没有显著的才德。您当教导我，使我志向通达。如果我做美酒，那您就是发酵用的酒曲；如果我做羹汤，那您就是当作料的盐和醋。"人活着却不知道学习，学习却不去求教老师，这能行吗？

秦朝和两汉以来，学问断绝师道沦丧，世上不再有老师。到了唐朝，口称老师、弟子的人，反而因此被人嘲笑。韩愈、柳宗元还为了这种情况而屡次感叹。只有本朝的理学，远远胜过汉唐时代，才又有了师道。虽然这样，求学的人不去向老师求教，即使求教了却不能虚心，不能对照老师的话省察自己的言行，听从老师的教诲，这固然是求学者的过错；求学者懂得向老师求教，能够对照老师的话省察自己的言行，听从老师的教诲，但是用来指导他的并不符合师道，这就是老师的过错了。

跟着孔夫子学习的人很多，颜渊、闵子骞、冉伯牛、仲弓等人本来没什么可挑剔的；此外有南宫适、宓子贱、漆雕开接近于以上四人；除这三人以外，最后出来的如高子羔、曾子，虽然有愚鲁的名声，其实都是孔子所喜欢的人。在这二人中，孔子尤其属意于高子羔，不幸他比孔子先去世，没看见他的成就；最终传承孔夫子学说的人，就在于曾子。伯鱼死后，子思是孔夫子的嫡亲孙子，孔夫子的门人中显耀于当世的很多，而子思唯独拜曾子为师，那么平日里孔子为子思选择老师的情形就能够知道了。宰我、子贡、有若，他们才智最高，子夏、子游、子张又次一等。然而子游、子夏已经擅长于文学方面，而仪表堂堂的要数子张，子游还认为难以和他相比。他们的言论足以感动世人，名声足以显耀于世间，确实不是因愚鲁而取得别号的人可以比拟的。至于他们传道授业，不会违背圣人之意，宰我、子贡、有若还不能在这个位置上，何况是子游、子夏呢？所以从曾子传给子思，子思传给孟子，才是得到真传的人，除此以外就不能和他们谈论孔子之道了。

如今之时，在典籍中和古人交朋友，在当世选择朋友，也已经很难了。你寻求朋友的心情很迫切，只是不知道我这个迂拙的人是否果真能够符合你的期望呢?

我的数篇文章抄录给你，你反复阅读并审慎思考，不要只是遵从于名气而不探究文章的实质，这是我的愿望! 我没有想到的地方，或者与你的意思不相合的地方，希望都告诉我，也只是追求内容正确罢了。见解所到，本当佩服，不必用世俗的观点来期待。

【导读】

本文主要论述学习的重要性。文章开宗明义地提出"古圣先贤，无不由学"的观点，接着列举伏羲、孔子、尧舜、武王等人为证据，证明学习的重要性，并由此引出"学而不求师，其可乎哉"的问题，转入下一层的论述。

在作者看来，自秦汉以降，"世不复有师"。究其原因，一是"学者不求师"，二是"导之者乃非其道"，老师和学生两方面都有责任，而作者更看重教师在传承中的作用。文章证以孔子学说的传承经过，"故自曾子传之子思，子思传之孟子，乃得其传者，外此则不可以言道"。针对这种师道不传的情况，陆九渊告诫李省干要"尚友方册，取友当世"，既要向古代圣贤经典著作学习，又要虚心向师友请教；即使对于为师者的文章也要熟读审思，"毋徒徇其名而不察其实"，更不要被世俗的观念所禁锢。

有人说陆九渊不主张阅读经典，从这篇文章可知此言之谬。

与庙堂乞筑城札子①

【原文】

　　某僭有白事①：《书》曰"有备无患"②。《记》曰"事豫则立"③。荆门在江汉之间，为四集之地④。南捍江陵，北援襄阳，东护随郢之胁，西当光化夷陵之冲⑤。荆门固则四邻有所恃，否则有背胁腹心之虞⑥。由唐之湖阳以趋山，则其涉汉之处，已在荆门之胁⑦。由邓⑧之邓城以涉汉，则其趋山之处，已在荆门之腹。自此之外，间道之可驰，汉津之可涉，坡陀不能以限马，滩濑不能以濡轨者，尚多有之⑨。自我出奇制胜，徽⑩敌兵之腹胁者，亦正在此。善制事者，常令其利在我，其患在彼，不善者反之。法曰："先为不可胜，以待敌之可胜。"⑪又曰："无恃其不来，恃吾有以待之，无恃其不攻，恃吾有所不可攻。"谓能消患致利，备豫不虞也。荆门虽四山环合，易于备御，义勇四千，强壮可用，而素无城壁，仓廪府库之间麋鹿可至。累政欲修筑子城，畏惮其费，不敢轻举⑫。某窃谓郡无城郭，使在内地，尚且不可，况其在边？平居形势不立，扃钥不固，无以系民心，待暴客⑬。脱有缓急，区区仓库之储，适足以启戎召寇，患害之致，何啻丘山⑭。权⑮今费役，曾不毫末。惜毫末之费，忽丘山之害，难以言智。一旦有警，谁执其咎？

　　某去冬妄意闻于帅府⑯，请就此役。寻得帅檄，令委官置局，径自修筑⑰。欲趁冬土坚密，庶几可久。已于十二月初四日发手，亦幸天气晴霁，人心齐一，腊前两旬，土工毕事，规模稍壮，邦人慰满。小垒绵薄，仍岁送迎，事力殚竭，

---

　　① 本文原载于《陆九渊集》卷十八（中华书局 1980 年版，第 225～226 页）。庙堂，原意为太庙的明堂，后来指皇帝与宰辅大臣议政的地方，引申为专指宰相，这里指宋光宗的丞相留正。本文写作时间是绍熙三年（1192 年），陆九渊就任荆门军的第二年春季。

累政之积，仅足办此⑱。会计⑲用砖包砌，立门施楼，其费尚多。目今见已包城十丈，砌角台一所，建敌楼一座。以此计之，犹当用缗钱三万。本军有买名银一万七千余两，隶在常平，稽之专条，不可擅用⑳。欲乞钧慈，特为敷奏，于数内拨支银五千两，应副包砌支用㉑。使城壁一新，形势益壮，奸宄沮谋㉒，民心有赖，实为无穷之利。伏想钧怀，垂念边城，不异墙屏，思患豫防，久有庙算㉓。择狂听愚㉔，当不待辞之毕也。

【注释】

①僭（jiàn）：越礼，超越本分，自谦之辞。白事：报告事情。白，禀告，报告。

②《书》：即《尚书》。"有备无患"出自《尚书·说命》。

③《记》：即《礼记》。"事豫则立"出自《礼记·中庸》，原文是"凡事豫则立，不豫则废"。豫，预备，事先准备。

④江汉：长江和汉水。四集：四方汇集。

⑤捍：捍卫，保卫。江陵：荆门军南面的江陵府（今湖北省荆州市）。襄阳：荆门军北面的襄阳府（今湖北省襄阳市）。随郢：荆门军东面的随州（今湖北省随州市）和郢州（今湖北省钟祥市）。胁：旁侧。当：抵挡，挡住。光化：地名，在荆门军西北（今湖北省襄阳市境内）。夷陵：地名，在荆门军西（今湖北省宜昌市）。冲：要冲。

⑥固：稳固，坚固。背胁腹心之虞：比喻四面受敌的忧患。虞，忧虑，忧患。

⑦唐：地名，即唐州（今河南省唐河县）。趋山：奔向山地。趋，奔向，奔赴。涉汉：渡过汉水。

⑧邓：地名，即邓县（今河南省邓州市）。

⑨间道：偏僻的小路。间，缝隙，空隙。汉津：汉水上的渡口。津，渡口。坡陀：同"陂陁"，倾斜不平的地方，借指山坡山岗。滩濑：河滩流水。濡轨：浸湿车轮，比喻阻挡战车前行。

⑩徼：拦截。

⑪法：指孙子兵法。引语前句出自《孙子·形篇》，后句出自《孙子·九变

篇》。

⑫累政：连续几任州官。累，连续，屡次。子城：大城所属的小城，即内城或瓮城。因荆门军城小，故陆九渊称为"子城"。畏惮：畏难，害怕。轻举：轻易发动。举，兴起，发动。

⑬平居：平时。形势：气势，声势。扃钥(jiōng yuè)：门栓和门锁，比喻防御工事。系：维系。待：对付，抵御。暴客：强暴之人，指来犯的敌人。

⑭脱：或许，偶尔。缓急：危急之事，偏义复词，"缓"字无实意。适：刚好，正巧。何啻(chì)：何止，岂只。丘山：山丘；山岳，比喻重、大或多。

⑮权：姑且，暂且。

⑯妄意：胡乱起意，自谦之辞。闻：使听到。帅府：指荆湖北路安抚使衙门。

⑰寻：随后，不久。径：直接。

⑱小垒：小城，指荆门军。绵薄：财力微薄。仍岁：连年。

⑲会计：核计，计算。

⑳隶：隶属，属于。常平：即常平仓。稽：考查，考核。专条：专门条例。

㉑钧慈：您的垂爱。钧，对尊者或长辈的敬辞。敷奏：陈述上奏。数内：指上文提到的买名银之内。应副：应对，帮助。

㉒奸宄(guǐ)：犯法作乱的人。沮：停止，终止。

㉓伏：敬辞，用于君对臣奏言。钧怀：敬辞，您的心意。不异墙屏：不因墙与屏不同而区别对待，意思是一视同仁。庙算：庙堂的谋划，指执政者制定的克敌谋略。

㉔择狂听愚：选择狂想听从愚言，这里是自谦之辞。

【译文】

我超越本分向您报告事情：《尚书》说"事先有准备可免除祸患"，《礼记》说"凡事预先做好准备就能成功"。荆门在长江和汉水之间，是一处四面汇集的地方。向南捍卫江陵，向北支援襄阳，向东保护随州和钟祥的侧翼，向西抵挡光化和夷陵的要冲。荆门稳固那么四邻就有依靠，否则就有腹背受敌的担忧了。由唐州的湖阳奔赴荆门，那么渡过汉水的地方，已在荆门的侧翼。由邓州的邓城渡过汉水，那么其奔赴荆门的地方，已在荆门的腹地。在此以外，偏僻的道路可以驱驰，汉津的渡口可以渡河，山坡山岗不能限制战马驰骋、河滩流水不能阻挡战车前行的地方，尚有许多。我方要出奇制胜，阻挡敌兵进犯我腹心和侧翼的地方，也正是在这里。擅长控制事态的人，常常让有利的形势在我方，不利的形势在对方，不擅长的人则反之。《孙子兵法》说："先要做到不会被敌人战胜，然后等待战胜敌人的机会。"又说："不要寄希望于敌人不来，而要依靠自己做好充分的准备；不要寄希望于敌人不进攻，而要依靠自己拥有敌人无法进攻的力量。"说的是能够消除隐患具备有利条件，准备充分才没有忧虑。荆门虽然四面群山围绕，利于防御，四千名义勇兵，强壮可用，然而一直以来没有城墙，仓库府衙之间山野麋鹿也可随意进出。历任官员都想修筑城墙，只是害怕费用，不敢轻易发动。我私下认为郡城没有城墙，即使在内地尚且不行，何况是在边境呢？平时气势没有建立，防御工事不坚固，就无法维系民心士气，抵御来犯的敌人。偶尔有危急的事情，区区仓库的储备，正好足以启动戎机招致贼寇，由此导致的祸患和危害，何止丘山一般严重。如今筑城姑且有些花费，也不到朝中整个花费的毫末。舍不得这毫末般的费用，却忽视了丘山般的严重危害，难以说是聪明的。一旦有警情，谁来承担责任？

我去年冬天私自起意报告帅府，请求完成这项工程。不久得到帅府的公文，令我委任官员设置机构，自己直接修筑。我想趁冬天土壤坚实时筑城，或许可以使城墙长久保存。已经于十二月初四开工，也有幸天气晴朗，人心统一，在腊月的前二十天，土方工程已完工，城墙规模比较壮观，当地民众也很欣慰满意。荆门小城财力微薄，连年迎来送往，能力已经用尽，历任官员留下的积蓄，仅仅能够办理这些事情。计算用砖包砌城墙，建立城门城楼，费用还要很多。如今已经包砌城墙十丈，修角台一处，建敌楼一座。按此计算费用，还应当花费缗钱三万贯。本军有买名银一万七千余两，归属于常平仓管理，按专门的规章稽核考察，不能够擅自使用。我想请求您的垂爱，希望为此上奏皇上，在买名银数内拨付五千两，用来支付包砌城墙的费用。假使城墙焕然新筑，气势更加壮大，犯法作乱的人停止了阴谋，民众士气有了依靠，实在有无穷无尽的好处。我私下猜想您的心意，时时挂念着边境小城，不会另眼相待，考虑对边患的防御准备，很早就有了克敌的谋划。支持狂想听从愚言，应当不等他把话说完。

【导读】

本文是陆九渊写给当朝丞相留正关于增拨修城经费的请示报告。

为什么要在荆门筑城？陆九渊说得明白："荆门在江汉之间，为四集之地。南捍江陵，北援襄阳，东护随郢之胁，西当光化夷陵之冲。荆门固则四邻有所恃，否则有背胁腹心之虞。"考诸历史，荆门历来就是兵家必争之地。春秋时期，楚武王在此吞并权国，建立了华夏第一县——权县。三国时期，在此发生了著名的长坂坡大战，关羽镇守荆州时曾在荆门周边屯兵御曹，留下了望兵石、掇刀石、捉马洞等诸多遗迹。南宋初年，岳飞曾在荆门南三十里处屯兵抗金，至今仍留有"岳飞城"遗址。陆九渊认识到其战略地位的重要，是有其事实依据的。

其实，想在荆门筑城，非自陆九渊始，也不是他一个人的想法。文中写道："累政欲修筑子城，畏惮其费，不敢轻举。"其在《与薛象先（一）》中也说："此间形势，正宜积粟聚兵，前此诸人乃未及讲求。张帅有意为城于此。元善闻有分戍之意，前日相聚时乃不及此。到应城见刘宰，言元善有此意。"但都停留在想法阶段，没有付诸实施，缺少经费是其原因之一。在陆九渊看来，荆门作为"次边之地"，筑城固边已是刻不容缓："某窃谓郡无城郭，使在内地，尚且不可，况其在边？平居形势不立，扃钥不固，无以系民心，待暴客。"并且认为花一笔费用筑城是值得的，是聪明之举，"权今费役，曾不毫末。惜毫末之费，忽丘山之害，难以言智。"陆九渊之所以在这里反复论述，就是为了引起朝廷的重视。

关于陆九渊筑城的具体情况，《年谱》中记载较为详细："先生审度决计，召集义勇，优给庸直，躬自劝督，役者乐趣，竭力功倍，二旬讫筑。初计者，拟费缗钱二十万，至是仅费五千而土工毕。复议成砌三重，置角台，增二小门，上至敌楼、冲天渠、荷叶渠、护险墙之制必备，才费缗钱三万。"[1]城墙筑好之后，民心悦怿，成为当时一大景观，引得士民参观络绎不绝，"此邦士女，未尝识城，远村僻坞，携持来观，自腊至今，踵系不绝"[2]。

荆门城是陆九渊首筑，故历史上称之为"陆公城"。

---

① 《陆九渊集》卷三十六，中华书局 1980 年版，第 509 页。
② 《陆九渊集》卷三十六，中华书局 1980 年版，第 511 页。

荆门军上元设厅皇极讲义①

【原文】

"五皇极：皇建其有极，敛时五福，用敷锡厥庶民，惟时厥庶民，于尔极，锡尔保极。"①

皇，大也；极，中也。《洪范》九畴②，五居其中，故谓之极。是极之大，充塞宇宙，天地以此而位，万物以此而育③。

古先圣王皇建其极，故能参天地，赞化育④。当此之际，凡厥庶民，皆能保极。比屋可封，人人有士君子之行，叶气嘉生，熏为太平，向用五福，此之谓也⑤。皇建其有极，即是敛此五福以锡庶民。舍极而言福，是虚言也，是妄言也，是不明理也。惟皇上帝降衷于下民，衷⑥即极也。凡民之生，均有是极，但其气禀有清浊，智识有开塞⑦。天之生斯民也，使先知觉后知，先觉觉后觉⑧。古先圣贤与民同类，所谓天民之先觉者也。以斯道觉斯民者，即皇建其有极也，即敛时五福，用敷锡厥庶民也。

今圣天子重明于上，代天理物，承天从事，皇建其极，是彝是训⑨。于帝其训⑩，无非敛此五福，以锡尔庶民。郡守县令，承流宣化⑪，即是承宣此福，为圣天子以锡尔庶民也。凡尔庶民，知爱其亲，知敬其兄者，即惟皇上帝所降之衷，今圣天子所锡之福。若能保有是心，即为保极，宜得其寿，宜得其福，宜得康宁，是谓攸好德，是谓考终命⑫。凡尔庶民，知有君臣，知有上下，知有中

---

① 本文原载于《陆九渊集》卷二十三（中华书局 1980 年版，第 283～286 页），是陆九渊关于儒家经典《尚书·洪范·五皇极》的一篇讲义。据《陆九渊集》卷三十六《年谱》记载："春正月十三日，会吏民讲《洪范·五皇极》一章。"当作于绍熙三年（1192 年）正月十三日。上元，即正月十五元宵节。

国夷狄⑬，知有善恶，知有是非，父知慈，子知孝，兄知友，弟知恭，夫义妇顺，朋友有信，即惟皇上帝所降之衷，今圣天子所锡之福也。身或不寿，此心实寿，家或不富，此心实富，纵有患难，心实康宁。或为国死事，杀身成仁，亦为考终命。

实论五福，但当论一心。此心若正，无不是福；此心若邪，无不是祸。世俗不晓，只将目前富贵为福，目前患难为祸。不知富贵之人，若其心邪，其事恶，是逆天地，逆鬼神，悖圣贤之训，畔君师之教⑭，天地鬼神所不宥，圣贤君师所不与，忝辱父祖，自害其身⑮。静时回思，亦有不可自欺自瞒者，若于此时更复自欺自瞒，是直欲自绝灭其本心也。纵是目前富贵，正人观之，无异在囹圄粪秽之中也。患难之人，其心若正，其事若善，是不逆天地，不逆鬼神，不悖圣贤之训，不畔君师之教，天地鬼神所当佑，圣贤君师所当与，不辱父祖，不负其身，仰无所愧，俯无所怍，虽在贫贱患难中，心自亨通⑯。正人达者观之，即是福德。作善降之百祥，作不善降之百殃，积善之家，必有余庆。但自考其心，则知福祥殃咎之至，如影随形，如响应声⑰，必然之理也。愚人不能迁善远罪，但贪求富贵，却祈神佛以求福，不知神佛在何处，何缘得福以与不善之人也？

皇极在《洪范》九畴之中，乃《洪范》根本。《经》⑱曰："天乃锡禹《洪范》九畴。"圣天子建用皇极，亦是受天所锡，敛时五福，锡尔庶民者。即是以此心敷于教化政事，以发明尔庶民天降之衷，不令陷溺。尔庶民能保全此心，不陷邪恶，即为保极，可以报圣天子教育之恩，长享五福，更不必别求神佛也。《洪范》一篇著在《尚书》，今人多读，未必能晓大义。若其心正，其事善，虽不曾识字，亦自有读书之功；其心不正，其事不善，虽多读书，有何所用？用之不善，反增罪恶耳。

常岁以是日建醮于设厅，为民祈福⑲。窃惟圣天子建用皇极以临天下，郡县之吏，所宜与尔庶民惟皇之极，以近天子之光。谨发明《洪范》敛福锡民一章，以代醮事，亦庶几承流宣化之万一⑳。仍略书九畴次叙，图其象数于后，恐不曾读书者，欲知大概，亦助为善求福之心。《诗》曰："自求多福"，正谓此也。

《易》有太极，是生两仪，两仪生四象，四象生八卦：乾为天，坤为地，震为雷，巽为风，坎为水，离为火，艮为山，兑为泽㉑。

乾三连，坤六断，震仰盂，艮覆盌，兑上缺，巽下短，离中虚，坎中满㉒。

《洪范》九畴：初一曰五行，次二曰敬用五事，次三曰农用八政，次四曰协用五纪，次五曰建用皇极，次六曰乂用三德，次七曰明用稽疑，次八曰念用庶征，次九曰向用五福，威用六极[23]。

载九履一　左三右七

二四为肩　六八为足

纵横数之皆十五

【注释】

①五皇极……锡尔保极：语出《尚书·洪范》。《洪范》研究我国古代哲学思想、政治思想的重要文献。敛：聚集。五福：五种福气。《尚书·洪范》："五福：一曰寿，二曰富，三曰康宁，四曰攸好德，五曰考终命。"敷：普遍。锡（cì）：通"赐"，赏给。厥：那。庶民：平民。

②《洪范》九畴：《洪范》中所说的九大法则。

③位：排列位置。育：繁衍生息。

④参：参验，验证。赞：辅佐，辅助。化育：教化。

⑤比屋可封：一个屋接着一个屋的人都可以封赏，比喻个个都是贤人。叶气：时代风气。叶，时期。

⑥衷：善。

⑦气禀(bǐng)：才气和天赋。开塞：开通和闭塞。

⑧先觉觉后觉：第一个"觉"是觉悟之意，第二个"觉"是启发、使觉悟之意。

⑨重明：指皇帝和太上皇两重光明。彝：常性，经常的准则。训：法则。

⑩于帝其训：选择听从上帝的法则。于，取。

⑪承流：继承前代流传下来的好风尚。流，流风。宣化：传布德化。

⑫攸好德：品德美好。攸，助词。考终命：善终，享尽天年。

⑬中国：指我国中原地区和在中原地区华夏族建立的政权。夷狄：泛指四方少数民族。夷，古代东方部族善于使用弓箭，以"夷"代指东方部族。后常用以泛称除华夏族以外的各族。狄，对居住在北方的部族的泛称。

⑭悖圣贤之训：违背圣贤的法则。悖：违背，违反。畔：通"叛"，背叛，违背。

⑮宥：宽恕，赦免。与：帮助。忝辱：羞辱。忝，辱没。

⑯愧、怍：都是惭愧的意思。《孟子·尽心上》："仰不愧于天，俯不怍于人，二乐也。"亨通：通达，顺利。

⑰如响应声：如同回响应和着声音。响，回声，回响。

⑱《经》：指《尚书》。在儒家经典中，《尚书》又称为《书经》，简称为《经》。

⑲常岁：往年。建醮：僧道为消除灾祟而设道场进行的祷告活动。设厅：大厅。设，大。

⑳发明：阐发，阐述。庶几：但愿，希望。

㉑两仪：即阴和阳。四象：即太阳、太阴、少阳、少阴。巽(xùn)：八卦之一。代表风。艮(gèn)：八卦之一，卦形是"☶"，八卦歌诀"艮覆盌"（样子是倒着的碗）；代表山。

㉒这八句为当时通行的"八卦歌诀"。盌(wǎn)："碗"的异体字。

㉓九畴：九种根本大法。五行：《尚书·洪范》："五行：一曰水，二曰火，三曰木，四曰金，五曰土。"五事：《尚书·洪范》："五事：一曰貌，二曰言，三曰视，四曰听，五曰思。"八政：《尚书·洪范》："八政：一曰食，二曰货，三曰祀，四曰司空，五曰司徒，六曰司寇，七曰宾，八曰师。"五纪：《尚书·洪范》："五纪：一曰岁，二曰月，三曰日，四曰星辰，五曰历数。"三德：《尚书·洪范》："三德：一曰正直，二曰刚克，三曰柔克。"稽疑：《尚书·洪范》："稽疑：

择建立卜筮人，乃命卜筮。"意思是用占卜来解决心中的疑虑。庶征：各种症候。《尚书·洪范》："八、庶征：曰雨，曰旸，曰燠，曰寒，曰风。"六极：《尚书·洪范》："六极：一曰凶、短、折，二曰疾，三曰忧，四曰贫，五曰恶，六曰弱。"

【译文】

"五皇极：皇建其有极，敛时五福，用敷锡厥庶民，惟时厥庶民，于尔极，锡尔保极。"

"皇"就是大，"极"就是中。《洪范》九条法则，第五条处于中间，所以称为"极"。这个"极"非常大，充塞整个宇宙，天地因为它而确立位置，万物因为它而繁衍生息。

古代先圣先王建立这个"极"，所以能够参验天地，辅佐教化。在这些时候，所有那些民众，也都能保有"极"。家家户户都可以给予封赏，人人都有读书人和君子的行为，祥和的时代风气就会产生，熏染成太平的社会，接近拥有了五种福气，就是说的这种情况。君主建立这个"极"，就是聚集五种福气来赐给民众。舍弃这个"极"而谈福气，是空话，是谎话，是不明事理。君主上帝降善给天下的民众，这善就是"极"。大凡民众降生在世，都有这个"极"，只是他们才气和天赋有清澈与浑浊之分，智识有开通和闭塞之别。上天降生这些民众，使先知启发后知，使先觉启发后觉。古代的先圣先贤与普通民众本是一类，只是普通民众中的先知先觉者。以他们的"道"去启发那些民众，就是君主建立了他的标准，就是聚集五种福气，普遍地赐予民众。

当今皇帝、太上皇两重光明在上，代表上天管理万物，秉承天意治理天下，君主建立标准，是常性，是法则。遵从上帝的法则，无非就是聚集五种福气，用来赐予民众。一个郡县的长官，继承前代流传下来的好风尚并传布德化，就是要继承发扬这些福气，代表圣天子来赐予那些民众。那些普通民众，知道爱父母，知道敬兄长，也就有了上帝降给的善，有了当今圣天子赐予的福气。如能保持这种心态，就是保住了"极"，应该得到长寿，应该得到幸福，应该得到康宁，这就是好品德，这就是享尽天年。那些普通民众，知道有君臣之别，知道有上下之别，知道有中国夷狄之别，知道有善恶之别，知道有是非之别，父亲知道爱护子女，子女知道孝顺父母，兄长知道友爱弟弟，弟弟知道恭敬兄长，丈夫有情义妻子知和顺，朋友之间讲诚信，也就有了上帝降给的善，有了当今圣天子赐予的福气。身体也许不能长寿，内心却感受到了长寿；家里也许不富贵，内心却感受到了富贵；即使遭遇了患难，内心也觉得康宁。或许有人为国而死，杀身成仁，也是享尽天年。

其实谈论五种福气，只需要谈论人心。心思如果纯正，所遇无不是福；心思如果邪恶，所遇无不是祸。世俗的人不明白这个道理，只把眼前的富贵当作福气，把眼前的患难当作祸患。不知道富贵的人，如果他心思邪恶，行事残暴，这是违逆天地、违逆鬼神、违背圣贤的法则，背叛君师的教导，天地鬼神不会宽恕他，圣贤师君不会帮助他，辱没祖宗，也害了自身。静处时回想以往，也有不能自欺自瞒的事情，如果在这时候还要自欺自瞒，这就是真的想要灭绝自己的本心啊！纵然眼前富贵，在正直的人看来，就和处于牢笼和茅坑中没有区别。遭遇患难的人，他的心思如果纯正，行事善良，这是不违逆天地、不违逆鬼神、不违背圣贤的法则，不背叛君师的教导，天地鬼神将会保佑他，圣贤君师将会帮助他，不辱没父母祖宗，不辜负自身，抬起头来没有什么愧疚，俯下身去没有什么惭愧，虽然处在贫贱患难之中，其内心也是顺通吉祥的。在正人君子看来，这就是福德。行善就有各种吉祥降临，行恶就会有各种灾殃降临，积善的人家，必有余庆。只要自我考察内心，就会知道即将降临的是吉祥还是祸殃，就如影子跟着形体、回响应着声音一样，是必然的道理。愚昧的人不能趋向善良远离罪恶，只会贪求富贵，却祈祷神佛以求福气，不知神佛在什么地方因为什么因缘得到福气而施与不行善的人呢？

"皇极"处在《洪范》所提九条法则的中间，是《洪范》的根本。《尚书》中说："上天于是赐给大禹《洪范》九条法则。"圣天子建立"皇极"，也是受上天所赐，聚集五种福气，赐给那些民众。就是要把这种思想普遍用于教化和政事，来启迪民众与生俱来的善，不让他们陷溺于罪恶。那些民众能保全这种思想，不陷于邪恶，就是"保极"，可以用来回报圣天子的教育之恩，长享五种福气，更不必去祈求神佛保佑了。《洪范》一篇载于《尚书》，如今的人大多读过，却未必能理解其深刻的含义。如果其心思纯正，行事向善，即使不识字，也自然有读书明理的功效。其心思不纯正，行事残暴，即使读了很多的书，又有什么用呢？读了很多书却将其用于作恶之中，只是更增加其罪恶罢了。

　　往年上元日这一天要在大厅设置道场举行祷告活动，为民众祈求幸福。我私下里认为圣天子建立"皇极"而治理天下，郡县的长官，应该与民众一起思考"皇极"之意，来接近天子的光辉。我怀着恭敬之心阐发《洪范》"敛福锡民"这一章，来代替祈祷活动，也希望起到承流宣化的一点功效。于是简略地写出"九畴"的次序，并把象数图画于文后，恐怕那些没有读过书的人，想知道大概意思，也能有助于行善求福的心思。《诗经》中说"自求多福"，正是指的这种情形吧。

　　《易经》中讲先有太极，太极生成两仪，两仪产生四象，四象产生八卦：乾是天，坤是地，震是雷，巽是风，坎是水，离是火，艮是山，兑是泽。

　　乾的图象是三连横，坤的图象是六短横，震的图象如仰着的钵盂，艮的图象如倒扣着的碗，兑的图象上面有缺口，巽的图象下面是断开的，离的图象是上下满中间虚，坎的图象是上下虚中间满。

　　《洪范》九畴：初一曰五行，次二曰敬用五事，次三曰农用八政，次四曰协用五纪，次五曰建用皇极，次六曰乂用三德，次七曰明用稽疑，次八曰念用庶征，次九曰向用五福，威用六极。

　　上面是九下面是一　左边是三右边是七

　　二和四是上面两肩　六和八是下面两足

　　纵横计数都是十五

【导读】

本文是陆九渊关于儒家经典《尚书·洪范·五皇极》的一篇讲义,关于这次讲演,《年谱》记载:"郡有故事,上元设醮黄堂,其说曰为民祈福。先生于是会吏民,讲《洪范·敛福锡民》一章,以代醮事。发明人心之善,所以自求多福者,莫不晓然有感于中,或为之泣。有讲义,仍书《河图》八卦之象,《洛书》九畴之数于后,以晓后学。"①杨简《象山先生行状》中也有类似记载。陆九渊自己在书信中也说:"正月十三日,以讲义代醮,除官员、士人、吏卒之外,百姓听讲者不过五六百人,以不曾告戒也。然人皆感动,其所以相孚信者又在言语之外也②。"从这些记载,我们可以明白:

第一,荆门原有一习俗,就是上元日(正月十五)在黄堂(太守办公的正厅)举办法事,请道士设坛祈祷,以求神灵保佑。对于这种迷信色彩浓厚的活动,陆九渊不以为然,于是以一场讲座来代替之,可以说是对荆门民俗的一次改革。

第二,讲座规模很大,除官员、士人、吏卒外,在没有事前通知的情况下,到场的普通百姓也有五六百人,足见陆九渊当时在荆门的号召力。

第三,讲座取得了很好的效果,听讲的人大多能有所感悟,甚至有"为之泣"的,可见讲演内容触及了人们内心,起到了启发教育的作用。

这篇讲义在内容上大致可以分为三层意思。

第一,引述《尚书·洪范》原文并阐述这一法则的重要意义。陆九渊认为,三代之时之所以有"比屋可封,人人有士君子之行,叶气嘉生,熏为太平,向用五福"的盛世气象,都是因为"古先圣王皇建其极",并以此教化百姓的结果。

第二,论述当下怎样才能求得"五福"。在陆九渊看来,要使大众求得五福,不同的人有不同的责任:天子要"皇建其极,是彝是训。于帝其训",地方官员要"承流宣化",而普通百姓则要"知爱其亲,知敬其兄"。各人都尽到自己的责任,五福自然就会到来。接着更进一步,把五福与"心"相联系,提出"实论五福,但当论一心"的观点,指出"此心若正,无不是福;此心若邪,无不是祸"。对于这一段论述,欧阳祯人先生这样评述:"这是一段文采飞扬、结构紧凑、主

① 《年谱》,《陆九渊集》卷三十六,中华书局1980年版,第510页。
② 《年谱》,《陆九渊集》卷三十六,中华书局1980年版,第510页。

题集中的漂亮讲义。既是儒家哲学对'幸福'的一种创造性的诠释，也是陆九渊本人对儒学宗教性的一种准确理解，其中包含了他对荆门地方民众的鞭策，也寄予了他作为一代哲人对整个世界的一种期望。"①

第三，阐述这次讲演的目的。旧时在黄堂设醮祈福，陆九渊是不以为然的，只有端正人心，才能真正求得"五福"。于是"发明《洪范》敛福锡民一章，以代醮事，亦庶几承流宣化之万一"。为了使普通百姓都能理解，陆九渊还特别在结尾画出"象数"，让那些没有读过书不识字的人，也能够知道大概意思，从而有助于行善求福之心。

陆九渊就任荆门知军，临行前，有人问他："荆门之政何先？"他说："必先正人心乎？"这次讲演就是他"正人心"的一次具体行动，也是对其"发明本心"思想的生动诠释和躬行。

又，原文："五皇极：皇建其有极，敛时五福，用敷锡厥庶民，惟时厥庶民，于尔极，锡尔保极。"有的今译为："五皇极：天子应当建立起这样的法则，要聚集五种幸福来普遍地施与那些民众。这样，民众就会拥护天子所建立起来的至高至大的法则，跟着天子共同遵循这些法则。"将"极"训诂为"法则"，存此一说。陆九渊训诂"皇"就是大，"极"就是中，自有其深意。

---

① 欧阳桢人：《民被共译 道行于时——陆九渊在湖北》，《陆九渊思想研究》，武汉大学出版社 2019 年版，第 261 页。

与侄焕之^①

【原文】

正月十三日，以讲义代醮，除官员、士人、吏卒之外，百姓听讲者不过五六百人，以不曾告戒也①。然人皆感动，其所以相孚信②者又在言语之外也。

比间不复挂放状牌，人有诉事，不拘早晚接受，虽入夜未闭门时，亦有来诉者，多立遣之，压服而去。③见客亦无时。

【注释】

①正月十三日：指绍熙三年(1192年)正月十三日。醮：道士设坛祈祷。告戒：这里是告诉之意。

②孚信：信任，信服。

③比间：近来。放状牌：即放告牌，旧时官府每月定期坐衙受理案件时挂出的通告牌。明郑若庸《玉玦记·阳勘》："拿放告牌出去，有告状的着他入来。"压服：制服，意为使诉讼双方都心服。

【译文】

正月十三日，用宣讲《尚书·洪范·五皇极》代替往年的道士设坛祈祷，除了官员、士人和小吏兵卒外，百姓来听讲的不过五六百人，因为事先没有通知。然而来听的人都非常感动，其中因听宣讲对我十分信服的人，则无法用言语来表

① 此篇写于绍熙三年(1192年)正月二十四日，是陆九渊写给侄儿陆焕之书信的节选，原文载《陆九渊集》卷三十六《年谱》(中华书局1980年版，第510页)，题目为编者所加。

达了。

近来不再挂"放状牌",人们有告状的事,不管早晚来都接受,即使到了晚上而还没有关门的时候,也有来告状的,大多立即(审理后)打发他们离升,告状双方都心服而去。会见客人也没有固定的时间。

【导读】

陆焕之是陆九渊长兄陆九思的儿子。据史料记载,陆九渊出生时,父母因多子,想把陆九渊送给别人抱养,陆九思劝说不可。恰好陆焕之出生,陆九思与妻子商议决定,把陆焕之送给他人抚养,自己来抚养陆九渊。所以,陆九渊与陆焕之长大后关系亲密,名为叔侄,情为兄弟。陆焕之学行甚高,曾中乡举,不第,人称"山堂先生"。

陆九渊知荆门军时有很多新的举措,信中说到的"以讲义代醮"、随时接受诉讼就是实例。封建社会的官吏往往高高在上,漠视民意;陆九渊却能随时受理群众诉讼,并当场裁判,使告状者心服而去,从中可以看出陆九渊工作的勤勉,也从一个侧面反映了陆九渊治理荆门的效果。

与邓文范^①

【原文】

　　某在此，士民日相安，所为不至龃龉^①。第二月九日之夜，宅堂有回禄之灾，大屋十余间，顷刻成烬^②，私居行李几为一空，幸不曾延烧官府，文书印记等无毫发损失。骨肉间一时不至甚惊恐，过后循省，乃生惊怖^③，旬日乃定，然比之常人之情相去亦远。持、循二子与侄孙浚，当火起时，颇见力量，他日或可望，第目今二子终未肯进学耳^④。

　　近以田间缺水，登蒙泉山顶祷雨，灵应甚著。三祝文薛漕处有之^⑤。

　　是间民益相安，士人亦有向学者，郡无逃卒，境内盗贼绝少，有则立获，讼牒有无以旬计。然太守自无暇，此间有积年之讼，皆盘错，外郡之讼，诸司亦时遣至此^⑥。又有筑城造屋之役，适连年送迎之后，计财匮乏，颇费调度。近以商税亏额之甚，遂自料理，顿有增羡，乃知事无不可为者^⑦。始至即修烟火保伍，贼盗之少，多赖其力^⑧。近忽有劫盗九人，劫南境村中软堰寺长生库，迟明为烟火队所捕^⑨。敌杀一人，生擒九人，皆勇悍之盗。义勇之外，烟火队今亦可恃。凡事薛漕必能言之。

　　凌遽遣此，更须续致^⑩。

【注释】

　　①龃龉(jǔ yǔ)：牙齿不齐，上下不合。比喻抵触不合。

---

　　① 本篇原载《陆九渊集》卷十七(中华书局 1980 年版，第 217 页)，写于绍熙三年(1192年)夏初。邓文范，名约礼，字文范，与妻弟李肃、子邓泳、侄邓远皆师从陆九渊。

②第二月九日之夜：即南宋光宗绍熙三年(1192年)二月九日晚上。回禄之灾：即火灾。回禄，传说中的火神，后用作火灾的代称。

③循省(shěng)：检查，省察，顺着过程反省。惊怖：惊恐，害怕。

④持、循二子：指陆九渊的两个儿子陆持之和陆循之。浚：指陆九渊的侄孙陆浚。第：但是，只是。目今：目前，如今。进学：科举时代，童生应岁试、科试而取中进入县学，称为"进学"，俗称"中秀才"。

⑤三祝文：三篇祷雨文，参见本书《荆门祷雨文》。薛漕：指薛叔似，字象先，时任荆湖北路转运司(俗称"漕司")副使。

⑥太守：这里是陆九渊自称。盘错：盘根错节的略语，比喻事情繁难复杂，不易处理。

⑦料理：管理。增羡：增加和盈余。

⑧修：设置。烟火保伍：负责地方治安和消防的乡兵组织。

⑨软堰寺：寺庙名，在荆门军南境。长生库：当铺。《老学庵笔记》："今寺僧辄作库，质钱取利，谓之长生库。"迟明：黎明。

⑩凌遽遣此，更须续致：心怀惶恐，先写这些，其他以后再写送去。这是旧时书信结尾的套话。凌遽：战栗，惶恐。

【译文】

我在荆门军，与士民每日都相安无事，所作所为不至于相互抵触。第二个月九日的晚上，住宅遭遇火灾，大屋十多间，转眼化为灰烬，家居行李几乎都烧光了，所幸的是没有蔓延烧到官府，文件档案和印鉴记录等都毫发无损。家人之间一时还不是特别惊恐，过后回想当时过程，才生出恐怖之心，直到十天后才安定下来，但与平常人的心情相比仍有很大的不同。两个儿子陆持之、陆循之和侄孙陆浚，在大火烧起时，救火很卖力，他日或许值得期待，只是目前两个儿子终究不肯考秀才罢了。

近来因为田间缺水，登上蒙泉山顶求雨，结果非常灵验。三篇求雨的祷文薛漕台那里有。

这期间民间更加相安，士人中也有努力学习的，各郡没有逃兵，荆门军境内盗贼极少，如果有盗贼就被很快捕获，诉讼的文书时有时无，要用"旬"来计算。

然而我却没有空闲时间，这里有历年累积的诉讼案件，都是繁难复杂，不易处理；其他郡的诉讼案件，各上司也有时指派到这里审理。又有修筑城墙建造屋宇等工程，赶上连年迎来送往之后，资财匮乏，周转支应颇费功夫。近来因为商业税收损失很多，于是亲自管理，很快有了增加和盈余，才知事情没有不可作为的。刚到荆门时就设置负责地方治安和消防的乡兵组织，如今盗贼很少，大多依靠他们的力量。最近忽然有九个强盗，抢劫了荆门城南软堰寺的当铺，次日黎明就被烟火队捕获。盗贼杀我一人，九贼全被活捉，都是健壮强悍的强盗。义勇队以外，烟火队如今也可依靠。所有事情薛漕台都能告诉你。

心怀惶恐，先写这些，其他的以后再写了送去。

【导读】

邓文范是陆九渊的学生，颇受陆九渊的器重，在槐堂书院中称为"斋长"，有新来的求学者，陆九渊有时就让他们先跟从邓文范学习。淳熙五年（1178 年）中进士，先后任职德化县丞、温州教授，卒于常德府推官任上，世称直斋先生。邓文范为人忠厚，多干实事，为官颇得民心。

在信中，陆九渊先介绍了当年二月初九发生火灾的情况。这次火灾，损失颇大，"大屋十余间，顷刻成烬，私居行李几为一空"。所幸的是没有烧到官府，"文书印记等无毫发损失"。火灾发生时还不甚惊恐，但过后回顾，才觉得害怕，竟至"旬日乃定"，寥寥数语摹写出复杂变化的心理过程。不过火灾中看到两个儿子和一个侄孙"颇见力量，他日或可望"，或许能让陆九渊得到一点安慰。

本文的重点是介绍陆九渊就任荆门以来的情况。从绍熙二年九月到任，到此将近八个月时间，荆门的情况已经发生了很大的变化，"士民日相安，所为不至龃龉"，"是间民益相安，士人亦有向学者，郡无逃卒，境内盗贼绝少，有则立获，讼牒有无以旬计"。陆九渊的荆门之政已经初见成效：社会稳定，人心向上，郡无逃卒，盗贼和讼案都很少。这种可喜的局面，都是陆九渊勤奋工作的结果。他修筑城墙、改革商税、修烟火保伍、登山祷雨，难能可贵的是他还从中悟出了"乃知事无不可为者"的道理。陆九渊这种励精图治的进取精神，给后人留下了一笔宝贵的精神财富。

与吴仲时^①

【原文】

　　向主文所言《质论》，偶七哥于故书中忽得之，其文信美，今录夫^①。其人似多读曾南丰、陈后山文，却是好时文秀才^②。观此人之才，似亦有可用，终是气格^③卑小。研核事情处，却甚谨切，有可法者^④。若论财用处，似不甚知其实，然其说大纲亦好。谩录曾南丰《论将》两篇，以见他蹈袭分明处，亦可以见曾之议论自然与他别处^⑤。

　　大抵天下事，须是无场屋之累，无富贵之念，而实是平居要研核天下治乱、古今得失的人，方说得来有筋力^⑥。五哥心志精神尽好，但不要被场屋、富贵之念羁绊，直截将他天下事如吾家事相似，就实论量，却随他地步，自有可观^⑦。他人文字议论，但谩作公案事实，我却自出精神与他披判，不要与他牵绊，我却会斡旋运用得他，方始是自己胸襟^⑧。途间除看文字外，不妨以天下事逐一自题评研核，庶几观它人之文自有所发^⑨。所看之文，所讨论之事，不在必用，若能晓得血脉^⑩，则为可佳。若胸襟如此，纵不得已用人之说，亦自与只要用人之说者不同。若看文字时有合意或紧要事节，不妨熟读。读得文字熟底，虽少亦胜卤莽而多者^⑪。

【注释】

　　①向：从前。主文：主持考试，用以称主考官。《质论》：文章名。偶：恰

---

　　① 本文原载《陆九渊集》卷六（中华书局 1980 年版，第 88 页）。据《陆九渊集·年谱》"二月九日之夜，郡火灾。……与吴仲时书"的记载，本文当作于绍熙三年（1192 年）二三月间。吴仲时，陆九渊的妻弟，也是陆九渊的学生，生平事迹不详。

巧。七哥：排行第七的族兄。信美：形容文章内容真实，语言优美。

②陈后山：即陈师道(1053—1102年)，字履常，一字无己，号后山居士，徐州彭城(今江苏徐州市)人，北宋时期文学家，"苏门六君子"之一，江西诗派重要作家。元祐初年，苏轼荐其文行，起为徐州教授，历仕太学博士、颍州教授。绍圣元年(1094年)，他被朝廷目为苏轼余党，罢职回家。他家境贫寒，一生安贫乐道，闭门苦吟，有"闭门觅句陈无己"之称。元符三年(1100年)，启用为棣州教授，赴任途中，改除秘书省正字，未上任，即于建中靖国元年十二月廿九(1102年1月19日)病逝。陈师道亦能作词，其词风格与诗相近，以拗峭惊警见长，但其诗、词存着内容狭窄、词意艰涩之病。时文：当时流行的文体，多指科场应试之文。秀才：优秀人才。

③气格：气度和格局。

④研核：考核。谨切：严密，严肃。可法：值得效法。

⑤谩：通"漫"，姑且，随便。曾南丰：即曾巩(1019—1083年)，字子固，江西抚州南丰人，出生于建昌军南丰(今江西省南丰县)，后居临川，北宋文学家、史学家、政治家。嘉祐二年(1057年)，进士及第，任太平州司法参军，熙宁二年(1069年)任《宋英宗实录》检讨，不久被外放越州通判。熙宁五年后，历任齐州、襄州、洪州、福州、明州、亳州、沧州等知州。元丰四年(1081年)，以史学才能被委任史官修撰，管勾编修院，判太常寺兼礼仪事。元丰五年(1082年)，卒于江宁府(今江苏南京)，追谥为"文定"。曾巩文学成就突出，其文"古雅、平正、冲和"，位列唐宋八大家，世称"南丰先生"。曾南丰，这里是以出生地代称人名。《论将》：文章篇名。按：查曾巩著作中，并无此文，疑为《任将》之误。蹈袭：沿袭。

⑥场屋：科举考试的地方，又名科场。这里指功名。累：牵连，连累。筋力：比喻韧性。

⑦五哥：这里指吴仲时。羁绊：束缚。直截：直接，不拐弯抹角。地步：达到的程度。

⑧公案：官府的案卷。披判：剖析，评判。斡旋：扭转。

⑨途：途径，这里指过程。庶几：或许，差不多。

⑩血脉：人体内血液运行的脉络，比喻贯通事物的脉络。

⑪熟底：十分熟悉。卤莽：粗疏，轻率。

【译文】

从前主考官所说的《质论》，恰巧七哥在旧书中偶然得到了，这篇文章内容真实，语言优美，如今抄录与你。文章作者似乎读了很多曾南丰、陈后山的文章，却是一个写时文的好人才。看此人的才干，似乎也有可用之处，终究是气概不高格局不大。考核事实情节之处，却很严密谨慎，有值得学习的地方。如果说到财务、用度之处，似乎不太知道其中的实情，然而所说的内容要点也很好。姑且抄录曾南丰的《论将》两篇，可以看出它明显沿袭曾南丰文章的地方，也可以看出曾南丰的议论与他的不同之处。

大抵天下之事，必定是没有求取功名的牵累、没有贪念富贵的想法，而确实是甘于身处平凡，要考核天下治乱、古今得失的人，才说得上有治学的韧性。五哥心志和精神都好，只是不要被功名、富贵的想法羁绊，直接把天下事当作自家事一样，据实论量，随他达到怎样的程度，自然有可观的成绩。他人的文章和言论，只是姑且作为存于官府档案的事实，我却出于自己的精神对其作剖析和评判，不要被它拘束，我却会随心运用它，这才是自己的胸襟。在这个过程中，除了看文章以外，不妨把天下事逐一题评和考核，或许在看他人文章时自然有所启发。所看的文章，所讨论的事情，不在于一定要用，如果能知道其脉络，就是很好了。如果有了这样的胸襟，纵然不得已用了别人的学说，也自然与那些只知道要用别人学说的人不同。如果看文章时有合意和重要的章节和内容，不妨熟读。将文字读得精熟，即使读得少也胜过读得多却粗疏轻率的人。

【导读】

本篇主要谈论为学方法。

本文第一段评论《质论》及其作者。陆九渊认为，《质论》一文"信美"，值得一看。其作者读了很多前人的文章，"是好时文秀才"，考核事情"甚谨切"，都是值得学习的。但不足之处是"气格卑小"，"论财用处，似不甚知其实"。评论文章及作者，有褒有贬，实事求是。

第二段是本文的重点，主要谈为学，可分为三层意思。

第一，为学不要被功名、富贵之念所羁绊，只有甘于清贫、有平常心、守得住寂寞的人，一步一个脚印地前进，才可以取得可观的成绩。陆九渊认为，当时的读书人被科举搞得神魂颠倒，丧失常心和人品，他们读圣贤书是为作时文，作时文是要应付场屋考试。他说："今时世人读书，其志在于学场屋之文，以取科第，安能有大志？"①"今天下士皆溺于科举之习，观其言，往往称道《诗》《书》《论》《孟》，综其实，特借以为科举之文耳。谁实为真知其道者？口诵孔孟之言，身蹈杨墨之行者，盖其高者也。其下则往往为杨墨之罪人，尚何言哉？"②陆九渊认识到科举的弊端，所以多次教诲学生不要被科举所累。

第二，为学要"自出精神"，不要被他人的文字议论所牵绊。对别人的文章和学说，只当作"公案事实"，要"自出精神与他披判"，"会斡旋运用得他"，形成自己的"胸襟"。陆九渊主张读书要勇于存疑，反对迷信书本，他说："为学患无疑，疑则有进。孔门如子贡即无所疑，所以不至于道。"③"自出精神与他披判"就是要有自己的主张，突破旧框框，提出新见解，否则只能因循守旧，无所前进。

第三，为学不能急功近利，读文章也好，讨论事情也罢，"不必再用"，重在"晓得血脉"，当所学融会贯通，自会与别人不同。怎样"晓得血脉"？陆九渊认为要熟读，他曾经说过："读书之法，须是平平淡淡去看，仔细玩味，不可草率。所谓优而柔之，厌而饫之，自然有涣然冰释、怡然理顺底道理。"④尤其是"若看文字时有合意或紧要事节"，更是要熟读精思，不可草率放过。

陆九渊的这些观点，与其心学思想一脉相承，修身养性，淡泊名利，敢于怀疑，自作主宰，应该是每一个为学者的座右铭。

---

① 《与傅克明》，《陆九渊集》卷十五，中华书局1980年版，第196页。
② 《与李宰(二)》，《陆九渊集》卷十一，中华书局1980年版，第150页。
③ 《语录下》，《陆九渊集》卷三十五，中华书局1980年版，第472页。
④ 《语录下》，《陆九渊集》卷三十五，中华书局1980年版，第432页。

与吴叔有^①

【原文】

　　近来所学如何？尝思初至此时，感发^①甚盛。但当时以信向之笃，心诚感通^②，如草木遇春而生，盖有不自知其所以然也。有如唐、虞、三代之民，由而不知^③。然旧习深固，少缓炉锤^④，则所感密消，唯存虚气，而实皆旧习矣。临归数日，颇知其首尾^⑤。知处虽大与旧不同，而纯诚专一乃反不及。是以乍昏乍明，未必能日新也^⑥。往事要不必论，直便自即今奋拔^⑦乃是。即今奋拔，何复论前日也。然既已奋拔，则其智必明。其智苟明，则前日所为亦能自知首尾。故写此以为验尔，切不可强附会吾言^⑧。

　　信至，但款曲深思实者，有不合处，写来力辩，乃见足下长进处^⑨。若但随人言语转，却是自家更无主人，何以为学？观至此，或已失了精彩，却须且放下此信，整冠肃容，自振迅精神，从实端的自省^⑩。须要清健明白，却再取此信观之，有不合处，不可强合，须精思熟考，写来辩之乃善。

【注释】

　　①感发：谓情感于中而发之于外；感奋激发。

　　②信向：诚实的志向。笃：坚定。感通：有感于此而通于彼。

　　③唐、虞、三代：指尧、舜和夏、商、周时代。由而不知：遵命照着办却不

---

① 本文原载《陆九渊集》卷六（中华书局 1980 年版，第 88~89 页）。据王心田先生《陆九渊知军著作研究》一书考证，写于绍熙三年（1192 年）春。吴叔有，陆九渊的妻弟，也是陆九渊的学生，生平事迹不详。

69

知为什么这么办。语出《论语·泰伯》："民可使由之，不可使知之。"由，听命，照着办。

④少：略微。炉锤：熔炼和捶打，比喻教育。

⑤首尾：从始至终，始末。

⑥乍：忽，忽然。日新：每天有更新。《礼记·大学》："汤之盘铭曰：'苟日新，日日新，又日新。'"

⑦奋拔：激励振作。

⑧故：固，本来。验：证据。尔：表示限止的语气词，相当于"罢了"。强：勉强，强迫。附会：把不相关或关系不大的事物勉强拉扯在一起。

⑨款曲：详尽情况。实：动词，结果实，比喻得出结论。足下：对对方的敬称。古代下称上或同辈相称都可用"足下"。长进：进步。

⑩精彩：神采。振迅：奋起，振作。端的：果然，真的。

【译文】

近来所学如何？曾经想到你初到这里的时候，感奋激发之情很旺盛。只是当时凭着志向的坚定，因内心诚实，所以有感于此而通于彼，犹如草木遇到春天就生长一样，大概是自己都不知道为什么会这样。有如尧、舜和夏、商、周时期的百姓，知道怎么做却不知道为什么这么做。然而旧习久而顽固，稍微放松了学习教育，就会感触消弭，只剩下虚气，而其实都是旧习了。临近归去的几天，颇知道所学内容的来龙去脉。懂得的东西虽然与原来大不相同，而志向的纯诚和专一反而不如当初。像这样忽然糊涂忽然明白，未必能每天有所进步。往事就不必说了，直接从即今开始振作起来才是。即今振作起来，何须再论往日。既然已经振作起来，那么心智必然明白。心智如果明白了，那么往日所为也能够自知来龙去脉。本来写这些只将其作为证据罢了，切不可勉强附会我的话。

收到信后，只把详尽情况深思而得出结论，有不同意的地方，写信来尽力辩论，才显出你的进步之处。如果只随着别人的言语而变化，却在自己心中没有主人，凭什么为学？看到这里，或许已经失去了神采意趣，就暂且放下这封信，整一整衣冠理一理面容，自我振作精神，从实在内容上真正自我反省。等到精神清爽心智明白，再拿这封信来看，有不同意的地方，不可勉强同意，要深思熟虑，写信来辩论才好。

【导读】

　　这封信教导吴叔有如何为学，主要讲了两点。

　　其一，为学要志向纯诚专一，自觉进取。陆九渊以吴叔有自身为例，刚来时"以信向之笃"，所以非常勤奋，但这是一种"由而不知"的不自觉状态，激情一过，就容易放松自己，华而不实，"唯存虚气"；所以归去时，其志向的专一反而不及当初了。陆九渊谆谆教导吴叔有"直便是即今奋拔乃是"，只有"奋拔"，才能明心智；只有明心智，才能"知首尾"。

　　其二，为学要自有"主人"，不能"但随人言语转"，人云亦云。对于别人的言论(哪怕是老师的信)，要深思熟虑，对于与自己意见不合的内容，要敢于质疑，敢于辩论，这样才能"长进"。遇到一时难以理解的内容，不妨暂且放下，"整冠肃容，自振迅精神"，待到精神清健明白，再深思熟虑，得出自己的结论。

　　这封信虽短，却包含了陆九渊的许多为学主张，如勇于存疑、辩论有进、讲求实学等，都值得我们今天学习和借鉴。

与沈宰(一)^①

【原文】

回禄之灾，独中居室，此某不德之谴也^①。慰唁勤至，益重悚恻^②。

臧、张二孽，初欲以闻上，而终治者，以其有自新之意，故从末减，小示惩戒，恐欲知之^③。

筑室之役，豫蒙轸念，尤佩厚意^④。长林艰得竹木，不免以累治下^⑤。旋令纳去百缗，烦令计费，续当奉偿^⑥。郡中以子城之役，殊觉空竭，更赖调护之方，振翼而成就之，是愿是幸^⑦！承欲一来，诸迟面既^⑧。

【注释】

①回禄之灾：火灾。回禄：传说中的火神。不德：无德无仁，自谦词。谴：罪过。

②唁：对遭遇非常变故者表示慰问。悚恻：恐惧和伤痛。

③臧、张二孽：姓臧和姓张的两名罪犯。孽：祸害。末减：谓从轻论罪或减刑。

④筑室之役：重建居室的事情。轸念：深深挂念。佩：铭记，感念。

⑤长林：县名，当时归荆门军管辖，荆门军治所在长林县境内。治下：下级，这里指沈宰。

⑥旋：随即。缗：穿铜钱的绳子，借指成串的钱，南宋规定一千文钱为一

---

① 本篇原载《陆九渊集》卷十七(中华书局 1980 年版，第 220 页)，写于绍熙三年(1192年)春夏之交。沈宰，即当时荆门军下属当阳县的沈县令。"宰"是对地方官吏的泛称。

缗，也称一贯。

⑦子城：这里指荆门军的城墙，因城墙规模较小，故称为"子城"。振翼：挥动翅膀，这里是比喻的说法。

⑧诸迟面既：诸事期待当面说清。迟(zhì)：希望，期待。既：穷尽，终了。

【译文】

这回发生火灾，唯独烧毁了居室，这是我无德无仁的罪过啊。您多次表示慰问，更加使我感到恐惧和伤痛。

臧、张两名罪犯，当初打算报告给上级(予以严惩)，但最终还是在这里惩治他们，是因为他们有悔过自新的意愿，所以对他们从轻论罪，略施惩戒，恐怕你想知道这个情况(所以告诉给你)。

重建居室的事情，承蒙您深深挂念，特别感念您的厚意。长林县很难买到竹木，难免要劳累您了。随即让人送去铜钱一百贯，麻烦您派人计算费用，一一给予偿还。郡治衙门因为修筑城墙的事，尤其觉得财力空乏枯竭，更要靠您调护有方，提振经济来完成这件大事，这正是我的愿望和幸运。望您能来一趟郡治衙署，诸事期待当面叙说。

【导读】

此信中主要有两方面内容。

一是对沈宰表示感谢。居室遭遇火灾后，沈宰多次慰问；在修复的过程中，又帮助采购竹木等建筑材料。对此，陆九渊"尤佩厚意"。这里我们尤其要注意，陆九渊采购竹木都是照价付款，反映了他廉洁自律的作风。

二是谈论政事。对"臧、张二孽"的裁判，是陆九渊治理荆门"必先正人心乎"理念的生动实例：本来欲上报严惩，因他们"有自新之意"，所以从轻处罚，希望他们明白于心，重新做人。

与沈宰(二)^①

【原文】

荐领诗文，皆豪健有力，健羡，健羡^①！

某向有复程帅惠江西诗派书，曾见之否^②？其间颇述诗之源流，非一时之说，愚见大概如此^③。《国风》《雅》《颂》^④固已本于道。风之变也，亦皆发乎情，止乎礼仪，此所以为后世异^⑤。若乃后世之诗，则亦有当代之英，气禀识趣，不同凡流^⑥，故其模写物态，陶冶情性，或清或壮，或婉或严，品类不一，而皆条然各成一家，不可与众作浑乱^⑦。字句音节之间皆有律吕^⑧，皆诗家所以自异者。曾子固文章如此，而见谓不能诗^⑨。其人品高者，又借义理以自胜，此不能不与古异。今若但以古诗为师，一意于道，则后之作者又当左次矣^⑩。何时合并，以究此理^⑪。

【注释】

①荐：进献。健羡：非常羡慕。

②向：从前。程帅：指安抚使程某，生平事迹不详。惠：赠送。江西诗派：江西诗派是中国文学史上第一个有正式名称的诗文派别。宋徽宗初年(1111年前后)，吕本中作《江西诗社宗派图》，把以黄庭坚创作理论为中心而形成的诗歌流派取名为"江西诗派"。因为该诗派成员多数学习杜甫，就把杜甫称为江西诗派之祖，而把黄庭坚、陈师道、陈与义三人称为诗派之"宗"，在《瀛奎律髓》中提出了江西诗派的"一祖三宗"之说，形成了诗歌流派。该流派崇尚黄庭坚的点铁

---

① 本篇原载《陆九渊集》卷十七(中华书局1980年版，第220页)，写于绍熙三年(1192年)夏初。沈宰，当时荆门军下属当阳县的沈县令。"宰"是对地方官吏的泛称。

成金、脱胎换骨之说，且诗派成员大多受黄庭坚的影响，作诗风格以吟咏书斋生活为主，重视文字的推敲技巧。"江西诗派书"即指《江西诗社宗派图》，收录陈师道、潘大临、谢逸、洪刍、洪炎、洪朋、饶节、僧祖可、徐俯、林敏修、汪革、李錞、韩驹、李彭、晁冲之、江端本、杨符、谢薖、夏倪、林敏功、潘大观、何颉、王直方、僧善权、高荷等25人作品。吕本中认为这些诗人与黄庭坚是一脉相承的。诗派中并不都是江西人，后被归入江西诗派的还有吕本中、曾几、陈与义等，稍后曾纮、曾思等人也被补入江西诗派。

③源流：事物的起源和发展。愚见：我的见解。愚，自称的谦辞。

④《国风》《雅》《颂》：我国第一部诗歌总集《诗经》的三个组成部分。

⑤风：指《国风》。发乎情，止乎礼仪：语出《诗经·大序》："故变风发乎情，止乎礼义。发乎情，民之性也；止乎礼义，先王之泽也。"意思是，所以"变风"发自内心情感，但不超过礼义规定的限度。发自内心情感，这是出于民众的天性；不超过礼义规定的限度，这是先王教化留下的恩泽。"发乎情，止乎礼义"由最初批评《诗经》的理论发展成为普遍的文学创作原则，既承认人的本能欲望以及抒发描写本能欲望的需要，同时又强调要用儒家的道德规范来约束指导，不能流于纯自然的宣泄，不能超越社会政治、伦理的规范。因此，诗歌中所表达的情感，既具有个体性，又具有社会性。

⑥气禀：古代义论术语，多指作者的才能、气质及由此形成的作品的风格等。识趣：见识，旨趣。流：品类，品级。

⑦模写：描写。或：有的。条然：条理清楚的样子。浑乱：混杂。

⑧律吕：乐律的统称。古代乐律有阳律、阴律各六，阳律称"律"，阴律称"吕"，合称"律吕"。

⑨曾子固：即曾巩，字子固，"唐宋八大家"之一，亦能诗，但非其所长。见谓：听说。见，听说，听见。

⑩但：只是，仅。左次：居于下位。左，卑，下。次，停留，止。

⑪合并：会面，聚会。究：探究，推寻。

【译文】

你送给我的诗文，都豪健有力，十分羡慕！十分羡慕！

我以前有回复程帅赠送我《江西诗派》的一封信，你是否看到过？信中对诗歌的起源和发展多有陈述，那并非我一时想起的说法，我的见解大概就是这样。《国风》《雅》《颂》固然已经以道为本。《国风》的变化，也都是"发乎情，止乎礼义"，这就是与后世不同的原因。像这些后世的诗作，也有当时那个时代的精华，其风格、见识和志趣，都不同于普通的品类，所以他们描写事物的情态，陶冶人们的性情，有的清新有的雄壮，有的婉约有的严肃。虽然各自品类高下不一，却都能脉络清楚地自成一家，不可与大众作品混为一谈。字句、音节之间都自带韵律，正是诗人表现自我、与别人相异的原因。曾子固的文章是这样，然而听说他不擅长作诗。那些人品高的人，又借助义理来帮助自己胜出，这就不能不与古人有异了。现今如果仅以古诗作为学习的榜样，一心专注于"道"，那么后来的作者又会居于下品了。什么时候能够见面，来一起探究这些道理。

【导读】

本文主要谈论诗歌创作。文中提到给程帅的信，其信全文如下：

> 伏蒙宠贶《江西诗派》一部二十家，异时所欲寻绎而不能致者，一旦充室盈几，应接不暇，名章杰句，煜耀心目，执事之赐伟哉！
>
> 诗亦尚矣，原于赓歌，委于风雅。风雅之变，壅而溢焉者也。湘累之《骚》，又其流也。《子虚长杨》之赋作，而《骚》几亡矣。黄初而降，日以渐薄。唯彭泽一源，来自天稷，与众殊趣，而淡泊平夷，玩嗜者少。隋唐之间，否亦极矣。杜陵之出，爱君悼时，追蹑《骚》《雅》，而才力宏厚，伟然足以镇浮靡，诗家为之中兴。自此以来，作者相望，至豫章而益大肆其力。包含欲无外，搜抉欲无秘，体制通古今，思致极幽眇，贯穿驰骋，工力精到。一时如陈、徐、韩、吕、三洪、二谢之流，翕然宗之。由是江西遂以诗社名天下，虽未极古之源委，而其植立不凡，斯亦宇宙之奇诡也。
>
> 开辟以来，能自表见于世若此者，如优昙花，时一现耳。曾无几时，而篇帙寝就散逸，残编断简，往往下同会计之籍，放弃于鼠坏酱瓿，岂不悲哉？网络搜访，出隋珠和璧于草莽泥滓之中而登诸篚椟，干霄照乘，神明焕然，执事之功，何可胜赞！是诸君子亦当相与舞抃于斗牛之间，揖箕翼以为

主人寿。某亦江西人也，敢不重拜光宠。

　　在给程帅的信中，陆九渊重点论述了诗歌的流变，认为诗歌起源于"赓歌"（酬唱和诗），发展、兴盛于"风雅"，"骚"以继之，"赋"兴而衰，"黄初（魏文帝曹丕年号）而降，日以渐薄"，此后唯陶渊明与众不同，但也"淡泊平夷，玩嗜者少"，直到杜陵（即杜甫）出始得中兴。

　　在本文中，陆九渊重点论述了对诗歌创作的主张。他认为诗歌创作的原则是"发乎情，止乎礼义"，即在合乎儒家道德规范的前提下，要充分展现自己的创作特色，要从生活出发，反映时代风貌，如果一味地"以古诗为师"，过度地重于"道"，那么诗歌的创作就会走上下坡路，其结果是"后之作者又当左次矣"。我们今天来看陆九渊的这些主张，仍然对诗歌创作具有借鉴意义。

与陆子美①

【原文】

　　九渊拜覆六九哥座前①：即日春季和畅，伏惟尊候起居万福②。九渊每思去年六九哥泛舟之兴，可惜不遂，此番能乘兴一行，甚善。向时闻有拉五九哥同游名山之言，心甚奇之，今可遂此行矣。恐家事要人管领，宁留百一哥，若处之有条，又六三哥势必不出，则虽使俱行可也。

　　此间士大夫皆一体人物，其势必有藏于草野市肆者，拘于官守应接，无缘搜访③。若得长上从容其间，闻见自不止今日，不胜大愿④。见有一二人，知此前湖广寇盗本末曲折之详者在此，以衮衮不暇咨问之⑤。若遂此行，则至时其人犹未去，亦可相聚也。今时惟妇女小儿不宜在外，若丈夫⑥有意斯世，则于世不无补也。偶脏毒⑦作，倦甚，拜覆不备。三月五日九渊拜覆六九哥座前。

【注释】

　　①拜覆：恭敬地回复。拜，古代一种表示敬意的礼节，这里做敬辞。六九哥：即陆九韶，字子美，人称"梭山先生"。青田陆氏家族按五服兄弟排行，陆九韶排在第六十九名，故称为六九哥。后文中的"五九哥""百一哥""六三哥"等，皆为陆九渊同辈中的兄弟。

　　②伏：敬辞，多用于臣对君、下对上陈言。候：气候，时节。

　　③一体：一样，相同。人物：指有才德名望的人。草野：乡野，民间，与"朝廷"相对。市肆：市场中的店铺。拘：拘束，限制。

―――――――――――

　　①　本篇写于绍熙三年（1192年）三月五日。陆子美，名九韶，字子美，人称"梭山先生"，在陆九渊六兄弟中排行第四。

78

④长上：年纪大或辈分高的人，这里指陆子美。从容：斡旋，周旋。不胜：不尽。

⑤见：通"现"。湖广：泛指荆湖南路和荆湖北路一带，即今之湖南湖北一带。衮衮：相继不绝的样子；纷繁众多的样子。

⑥丈夫：犹言"大丈夫"，有志气有作为的男子。

⑦脏毒：疾病名，这里指肛门肿硬类似痔漏的病症。

【译文】

九渊恭敬地回信于六九哥座前：如今暮春时节气候和畅，唯愿您起居万福。九渊常常想起去年六九哥打算泛舟出游的兴致，可惜没有遂愿，这次能乘兴出行，很好。从前听到您邀请五九哥同游名山的话，心里觉得很奇怪，如今可以完成这一行程了。担心家事要人管理，宁可留下百一哥，如果能处理得有条有理，六三哥势必不会出面，那么即便让他同行也可。

这里的士大夫都是一样有才德名望的人，其中势必有隐没在乡间街市的贤人，我因拘束于官员职守和往来应接，无缘去搜求拜访。如果能有年纪大辈分高的人在他们之间交游周旋，所闻所见自然不止今日（了解的情况），就遂了我最大心愿。现在有一两个人，知道从前湖广强盗始末曲折等详情，目前正在此地，我因为公务繁忙没有时间去询问他们。您如果能实现此行，那么到时候这几个人还没有离开，也可与他们相聚（询问有关的情况）。如今只有妇女和儿童不宜在外，如果大丈夫有意于这个世道，那么对世道一定有所裨益。我恰巧脏毒病发作，非常疲倦，回信就不详叙了。三月五日九渊回信于六九哥座前。

【导读】

据《年谱》记载："（陆）九韶，字子美，不事场屋，兄弟共讲古学，与朱元晦友善。首言《太极图说》非正。又因其奏立社仓之制，行于乡，民甚德之。与学者讲学于近地，名梭山，梭山在金溪陆氏义门之东是也。号曰梭山居士，诸司列荐，以居士应诏，举遗逸。临终自撰终礼，戒不得铭墓。有文集曰《梭山日记》。"①这篇书信未收入《陆九渊集》。宋人岳珂（岳飞之孙）撰《宝真斋法书赞》卷

---

① 《年谱》，《陆九渊集》卷三十六，中华书局 1980 年版，第 480 页。

二十七收录有陆九渊兄弟书札四件，此为其中之一。据今人杭州大学束景南先生考订，确为陆氏兄弟佚札。

陆九渊到荆门任上不久，曾邀请长兄陆九思到荆门小住一月。如今听说四哥陆子美欲泛舟出游，于是邀请其到荆门一行。除了兄弟相聚之外，陆九渊还有另外的用意，想借陆子美士人的身份和充裕的时间帮助做两件事：一是访求"藏于草野市肆"的人才，以期为朝廷所用；二是探访有关"此前湖广寇盗"案的来龙去脉，以期侦破积案。此文虽是兄弟间问候的家书，陆九渊也没有忘了郡中公事。陆九渊一心扑在工作上的勤勉与努力，值得后人学习。

与章茂献论筑城书^①

【原文】

　　有当控告庙堂者，敢不布本末，庶几一言之助^①。去冬修筑子城，适值天气晴霁，民心悦怿^②。此邦士女，未尝识城，远村僻坞，携持来观，自腊至今，踵系不绝^③。

【注释】

　　①控告：禀告。庙堂：这里指中央政府的宰相，参见《与庙堂乞筑城札子》。布：陈述，表达。本末：原委，始末。庶几：但愿，希望。

　　②子城：大城所属的小城，这里指荆门城墙。适值：恰好遇到。悦怿：高兴，快乐。

　　③士女：男女。坞：四面高中间低的地方。踵系：犹"接踵"，脚后跟相接，形容人多。

【译文】

　　有应当禀告朝廷宰相的信札，怎敢不先向您陈述事情的原委始末，希望能得到您的一言相助啊。去年冬天修筑荆门城墙，正好遇到天气晴好，民心快乐。此地男女，不曾见识过城墙，（城墙修好后）远处村镇和偏僻山村的人都相互结伴来观看，从去年腊月直到今天，游人接踵而至，络绎不绝。

---

　　①　本篇写于绍熙三年（1192年）正月，原载《陆九渊集》卷三十六《年谱》（中华书局1980年版，第511页），这里单独成篇，题目为编者所加。

【导读】

章茂献，即章颖（1140—1218年），字茂献，自号"云山居士"，临江军（今江西清江）人。以兼经中乡荐。宋孝宗立，下诏求言，章颖为万言书附驿以闻，礼部奏名第一，孝宗称其文似陆贽。调道州教授，作周敦颐祠。正碰到宜章寇为乱，郡僚相继引去，章颖独留。寇平，郡守以功入为郎，奏章颖有协赞之功，可大用。乃召对，除太学录。历太学、太常博士、左司谏。礼部正奏第一人、初任即召对者自章颖开始。光宗绍熙二年（1191年），召为太常博士、皇子嘉王府直讲。除左司谏，光宗称赞他："是好谏官。"宁宗立，迁侍御史兼侍讲，权兵部侍郎。因请留赵汝愚，忤韩侂胄而罢官。章颖家居久之，起知衢州，侍御史林行可劾罢之。寻知赣州，御史王益祥复劾，寝其命，再祠，需次知建宁府。韩侂胄诛，除集英殿修撰。累迁刑部侍郎兼侍讲，对延和殿，皇上叹曰："卿为权臣沮抑甚久。"累官礼部尚书。乞修改《甲寅龙飞事迹》，诏令考订削诬，从实上之。晚年奉祠家居。卒谥文肃。章颖操履端直，生平风节不为穷达所移。虽仕多偃蹇，而清议与之。著有《南渡十将传》《舂陵志》《文肃公奏议》等。《宋史》卷四〇四有传。陆九渊写此信时，其为太常博士。庆元二年（1196年），贵溪县令刘启晦立陆九渊祠于象山，春秋致祭，章茂献曾为之作记。

本篇当是原信节选，讲述修筑荆门城墙的情况，以及城墙修好后人们的反应。从"民心悦怿"可见人们对修筑城墙是很支持的，并积极参与。城墙修好后，近乡远村相携来观，甚至很长时间都络绎不绝，也反映了陆九渊筑城深得民心。

与章茂献^①

【原文】

　　某承乏于此，懔焉朝夕，祈于斯民，渺若航海①。闾巷熙恬，讼争衰息，相安相向，不替有加②。同官协力，举无异志，职事过从，无非讲习③。或有指是以为绩效，区区之怀④，方有大惧。兵家言射，谓镞不至指，同于无矢。今学射者求镞之至指，良不易致⑤。孟子曰："掘井九仞，而不及泉，犹为弃井。"古语曰："行百里者半九十。"⑥言末路之难也。知不至，虽弗畔，不足赖也。治不至，虽不乱，不足传也。流湿就燥，物以类从，心所同然，捷于影响，固不可诬也⑦。而其深浅、多寡、厚薄、精粗之辨，情伪、名实、盛衰、消长之变，亦不可诬也。服膺典训⑧，何敢贰心？至其绵薄，弗克自致，若蹈虎尾，涉丁春冰⑨，亦何敢狃饥渴之饮食，苟以自恕⑩。教其不知，图其不逮，力提而申策之，是所望于同志，幸勿遐弃⑪！

【注释】

　　①承乏：旧时官吏常用的谦辞，谓职位一时无适当人选，暂由自己充数。懔：恐惧，惊惧。渺：辽远的样子。

　　②不替有加：不废弃还有增加。意思是荆门的治理除保持原有好的方面外，还有所发扬光大。

---

　　① 本篇原载《陆九渊集》卷十五（中华书局 1980 年版，第 197 页），写于绍熙三年（1192年）九、十月间。章茂献，即章颖（1140—1218 年），字茂献，自号"云山居士"，临江军（今江西清江）人，时任太常博士、皇子嘉王府直讲。

③职事：主管事务的官员。过从：互相往来。讲习：讲解研讨。

④区区之怀：诚挚的心意。区区，诚挚，真诚。

⑤镞不至指：镞，箭头；指，大拇指。箭头没有碰到大拇指。原文见(唐)王踞《射经》，又称《教射经》："要令大指知镞之至，然后发箭。故曰：镞不上指，必无中矢；指不知镞，同于无目，试之至也。"(要让持弓手的大拇指接触到箭头后，才能放箭。所以说："箭头没碰上大拇指，没有一支箭能射得中靶子；拇指没有接触到箭头，和没有眼睛一样，这是实际测验过的。")

⑥掘井九仞：语出《孟子·尽心上》：孟子曰："有为者，譬若掘井，掘井九仞而不及泉，犹为弃井也。"意思是：掘井时，虽然挖了六七丈深，却不见泉水，还是一口废井。仞：古代长度单位，一仞为七尺或八尺。行百里者半九十：语出《战国策·秦策五》："行百里者半于九十。"意思是走一百里路，走了九十里才算走了一半。喻指凡事到了接近成功，往往是最吃力、最艰难的时段。劝人做事贵在坚持，有始容易，有终实难。因此更要努力、谨慎。

⑦流湿就燥：流向湿地或者归于干燥。就，归于，趋向。捷于影响：比影子和回响的出现还要迅速。捷，迅速。

⑧服膺典训：铭记经典著作的教导。服膺，牢记在心中。

⑨绵薄：绵力薄才，微力，常用作谦辞。克：能够。若蹈虎尾，涉于春冰：就像踩着老虎的尾巴踏着春天的薄冰，比喻非常危险。

⑩狃(niǔ)：贪。自恕：自我原谅。

⑪遐弃：远弃。

【译文】

我暂且充数担任知荆门军的职务，早晚都心怀惊惧(担心不能胜任)，为这里的民众求得幸福，前途就像在大海中航行一样辽远。如今荆门街巷和乐而安静，诉讼争执的事情越来越少，士民相处安宁团结一心，社会治理不仅保持了原有的优点，还有所发扬光大。官署同僚齐心协力，行事公正没有私心，主管事务的官员互相往来，无非是讨论研究讲解研讨(事务)。或许有人认为这些都是治理荆门的政绩，其诚挚的心意，才让我有大的恐惧。兵家谈到射箭，认为拉弓时箭头没碰到大拇指，等同于没有靶子。如今学习射箭的人想要箭头碰到大拇指，很不容易做到。孟子说："（做事）如同掘井，虽然挖了六七丈深，却不见泉水，还是一口废井。"古话说："要走一百里路，走到九十里才算一半。"都是说事情后半程的艰难。智慧不到位，虽然不会背叛本意，却不值得依赖。治理不到位，虽然不会导致混乱，却不值得传扬。流向湿地或者归于干燥，事物总是按种类聚集，心中所想的完全相同，比影子随着形体和回响应于声音还迅速，本来是不可妄言的。而那浅与深、多与寡、厚与薄、精与粗的区别，真与伪、名与实、盛与衰、消与长的变化，也是不可妄言的。牢记经典的教导，哪敢有贰心呢？至于我的绵薄之力，不能够达到自己的目的，就像踩着老虎的尾巴、行走于春天的薄冰一样谨慎小心，哪敢以又饥又渴时贪图饮食之类的借口，随便自我原谅呢？教给他们不知道的，考虑他们想不到的，奋力提高和告诫他们，这要寄望于和我心志相同者，希望不要弃我远去。

【导读】

陆九渊就任荆门军，一年之后，地方大治。于是"诸司交章论荐"，丞相周必大在给人的信中也说："荆门之政，可以验躬行之效。"①这种情况，想来陆九渊是知道的，抑或章茂献写信谈到这些情况，所以陆九渊写了这封信作为回应，表明心迹。

在信中，陆九渊先讲自己为官的心情，"懔焉朝夕，祈于斯民，渺若航海"，时时警惕，担心自己不能胜任。当然结果是好的："闾巷熙恬，讼争衰息，相安相向，不替有加。同官协力，举无异志，职事过从，无非讲习。"面对有司的举荐和人们的称赞，陆九渊的头脑是清醒的。他认识到地方治理是一个长期的过程，一时的成效并不代表最终的成功；"知不至，虽弗畔，不足赖也。治不至，虽不乱，不足传也。"

首先，他用射箭作比喻，"谓镞不至指，同于无矢"。射箭要让持弓手的大拇指接触到箭头后，才能放箭。拇指没有接触到箭头，和没有眼睛一样，没有哪一支箭能射得中靶子的。如今学习射箭的人想要箭头碰到大拇指，很不容易做到。所以，勉励自己更要努力。

---

① 《年谱》，《陆九渊集》卷三十六，中华书局 1980 年版，第 512 页。

其次，引用孟子的话，表明自己要不断进取。孟子曰："掘井九仞，而不及泉，犹为弃井。"比喻做事即或是做到只差一步之遥就要成功了，然而此时放弃，仍然不能算成功。原文中的比喻与《尚书·旅獒》"为山九仞，功亏一篑"的意思是一样的，也就是说，为井九仞，同样也可能功亏在最后一仞上。而一旦功亏，不管是一仞还是半仞，都是半途而废，留下的，依然是废井一口。孔子也罢，孟子也罢，都是反对半途而废而激赏积极进取精神的，这也算是儒家先贤所着力推崇的一种风范吧！只要是正确的事，贵在坚持，坚持下去，定会胜利。

最后，陆九渊表明了自己的态度：要牢记经典的教导，竭尽自己的全力，并希望同僚、朋友帮助自己，不达目的决不罢休。可见，后世所传的"荆门之政"，来得是多么的不易啊！

应该说，陆九渊为官的态度、理念以及面对成绩和荣誉的清醒，都值得后人借鉴学习。

与张元善(一)^①

【原文】

漕台数有便邮，其发多值冗，不克附问^①，累托象先致意，会次当必及之^②。

严山^③盖仓，其说未善。若谓以舟致之襄阳，则江汉湍浅，旷日持久，当涨溢时，风涛险悍，类不可行^④。陆运则自严山至班竹^⑤，号六十五里，山路险隘崎岖，其实不止此数。又类有水隔，春夏之间，每用^⑥阻绝。本军至班竹八十五里，乃坦途。又严山非市井去处，人烟疏阔，储草则可，储粟则难于看守。莫若葺军仓以储粟，今子城既固，如在枕上矣^⑦。长林巡视小路，常亲历其地，叙说甚详，已备在公状中，幸裁之^⑧。

九江德化丞邓约礼字文范，阶为文林，今冬当代^⑨。其家世建昌，乃临川李侍郎德远之婿^⑩。其居旧遭回禄，未赴德化时，寓居李氏^⑪。今其妻兄官满归临川，邓丞欲及未代前一归建昌营居舍，愿丐使台一檄^⑫。若蒙垂允，但付此间，旦晚即附往也^⑬。亦尝托象先转浼^⑭，谅必无阻。此公乡里之秀，端悫纯正，甚有宦业^⑮。比年摄两邑，当事之难，拯其弊坏，更使为佳地，民之戴之，不忍其去，无愧史册所书，异时真可备药笼中物^⑯。韩昌黎《守戒》，以"在得人"卒章，要哉言乎^⑰。

敝邑两令皆贤，教官时有裨补，自签以下，皆悉心营职，无有异志^⑱。唯税官颇谬^⑲，近得一指使佐之，其职顿举。拙者不过扶持劝勉，使其善意不替有

---

① 本篇原载《陆九渊集》卷十六（中华书局 1980 年版，第 209~210 页），写于绍熙三年（1192 年）夏。张元善（1143—1206 年），名体仁，字元善，一字仪之，建宁浦城（今福建浦城）人，时任湖广总领。

加，庶几蒙成以免戾^⑳。今农贾安帖，吏卒抑畏，盗贼衰息，作则辄获，讼牒之少，乃至旷旬，械笞尘委，五刑植立，试用希阔，用必聚观，此岂迂拙所能坐致^㉑？窃自幸者，亦同官适逢其人耳。方至此时，积讼颇多，非其俗恶，乃不能无败群者耳。此辈傲游城市，持吏长短，无理致争，期于必胜^㉒。敌不能甘，遂成长讼，诸司不止，乃至台部^㉓。初既精求案牍，辩其曲直，既又晓之义理，使得自新，能自伏义，愿改者固十八九^㉔。至于怙终之人，虽稍柔服于一时，尚图复逞于他日，同恶亦视此为消长^㉕。所大幸者，诸司皆贤明，此辈无所复逞。今讼之日少，俗之日厚，亦正以此。

向来得书，谓未识张监。张监趋向甚正，议论有典刑，到任以来，文移条理，每每可服^㉖。张宪在九江时，假道识之，蒙渠约饭，亦自道其政，大抵亦有家法^㉗。闻到常德多病，少见宾客，公文亦多传入宅书押，若无所执，何引大体，卧护政亦何伤^㉘？虽曰德星聚^㉙可也。稽之事实，乃有大谬不然者。今败群之人，皆走宪台^㉚。此辈不之他司，而之宪台，急必有侮而动。今不问宜可，动辄索案。案之往也，又不知所处，动辄可怪。闻宪台之吏最无礼，而又能，观其文移行遣，似皆出吏辈^㉛。敝邑亦有数事，他郡可推而知之。未欲尽述其本末^㉜，若欲知之，后便禀闻也。闻象先与之相善^㉝，不知能有道以已之乎？奸吏猾民，托以扰郡县，害良民，伤政败俗亦不细矣^㉞。官之不可非其人如此哉！

久不奉问，引笔辄累累如此^㉟，可一笑也。

【注释】

①漕台：即转运司，宋代路级机构名称，简称为"漕司""漕台"。主管所属州县的水陆转运和财政税收，兼管司法和民政等。同时也有监察本路各级地方官吏的职责。便邮：熟悉的送信人。值冗：正值事务繁忙。克：能够。

②累：多次。象先：即薛叔似，字象先，时任荆湖北路转运使，简称为"漕使"。会次：相会之间。次，中，间。

③严山：地名，在荆门城北。

④险悍：危险而强劲。类：大抵，大都。

⑤班竹：地名，在荆门城北。

⑥用：表示原因，以，因。

⑦葺：修理。子城：指荆门城墙。如在枕上：形容非常安稳。

⑧长林：即长林县，荆门军辖县之一。这里以县名指代该县县令汪振。公状：公文。幸：期望，希冀。

⑨九江德化：地名，在今九江市。邓约礼：字文范，陆九渊弟子，在槐堂书院中称斋长。淳熙五年（1178年）进士，授官德化丞，做官颇得民心。后为温州教授，与叶适相善。调常德府推官，卒于任上。陆九渊曾夸奖他"约礼细密"。阶为文林：官阶为文林郎。文林郎，宋代官阶名。当代：正当换任。代：指卸去职务，由新官接任。

⑩建昌：地名，今江西省永修县。临川：地名，今江西省抚州市临川区。李侍郎德远：李浩，字德远，江西建昌人，南宋绍兴年间中进士，调曹州司户，累官至侍郎。李浩是陆九渊的学侣，后全家迁徙到临川，子孙皆从陆九渊学习。

⑪回禄：古代火神名，指火灾。寓居：寄居，侨居。

⑫丐：乞求。使台：对詹元善湖广总领衙门的尊称。檄：檄文，古代官府用于征召、晓谕、声讨的文书。

⑬蒙：承蒙，敬辞。垂：敬辞，用于尊称别人的动作。旦晚：早晚。

⑭转浼：转求。浼，央求，请托。

⑮端悫（què）：端正朴实。宦业：做官取得的成果。

⑯比年：近年。药笼中物：比喻罗致待用的人才。典出《新唐书·元行冲传》："（元行冲）尝谓狄仁杰曰：'下之事上，譬富家储积以自资也。脯腊膴胰，以供滋膳；参术芝桂，以防疾疢。阁下充脂味者多矣，愿以小人备一药石可乎？'仁杰笑曰：'君正吾药笼中物，不可一日无也。'"

⑰韩昌黎：即韩愈（768—824年），字退之，河南南阳（今河南孟州市）人，唐代文学家、哲学家。因其常据郡望自称昌黎韩愈，故后世称之为"韩昌黎""昌黎先生"。卒后谥"文"，世称韩文公。贞元八年（792年）进士及第，先后为节度使推官、监察御史，德宗末因上疏议论时政之弊而被贬。唐宪宗时曾任国子博士、史馆修撰、中书舍人等职。元和十四年（819年）因谏阻宪宗奉迎佛骨被贬为潮州刺史。穆宗时历任国子祭酒、兵部侍郎、吏部侍郎、京兆尹兼御史大夫。在政治上反对藩镇割据，在文学上主张文以载道，其散文位居唐宋八大家之首，与柳宗元同为唐代古文运动的倡导者，并称"韩柳"。诗与孟郊并称"韩孟"。其诗

力求新奇，有时流于险怪，对宋诗影响颇大。有《昌黎先生集》。卒章：结束全文。即文章的结尾。韩昌黎《守戒》结尾："贲育之不戒，童子之不抗；鲁鸡之不期，蜀鸡之不支。今夫鹿之于豹，非不巍然大矣，然而卒为之禽者，爪牙之材不同，猛怯之资殊也。曰：然则如之何而备之？曰：在得人。"

⑱敝邑：谦辞。古代国君称自己的国家，犹言偏僻的地方。后来发展为谦称自己管辖的地方。两令：指荆门所属的当阳沈县令和长林汪振县令。签：签书判官的简称。异志：叛变或篡逆的意图。这里当指私心。

⑲税官：主管税务的官吏。谬：谬误，差错。

⑳庶几：但愿，希望。戾：错乱，罪过。

㉑械：枷锁、镣铐一类的刑具。笞：用鞭、杖、竹板抽打，这里是名词，用来抽打的鞭、杖、竹板等。尘委：集满灰尘。委，累积，积蓄。五刑：五种刑罚，说法不一，这里泛指各种刑具。植立：树立。

㉒傲游：傲慢地游走。持吏长短：抓住官吏的一些不足。长短：长处和短处，这里是偏义复词，特指短处。

㉓敌：对手，对方。台部：路级衙门。

㉔案牍：讼案的卷宗。义理：大义和道理。十八九：十分之八九。

㉕怙终：仗恃奸邪而终不悔改。同恶：同类的恶人。

㉖向来：近来，最近。张监：荆湖北路监司的张长官，简称张监。典刑：常法，通常的原则。文移：文书，公文。

㉗张宪：荆湖北路提点刑狱司（简称宪司）张姓长官，尊称为张宪。假道：借道通过，路过。渠：第三人称代词，他。

㉘常德：地名，今湖南常德市，当时为宪台治所。书押：批阅签字。引：株连，牵连，影响。卧护：犹"卧治"。意思是躺在家中就把政事处理好了。出自《史记·汲郑列传》。汉汲黯为东海太守，"治官理民好清静"，"多病，卧闺阁内不出。岁余，东海大治"。后召为淮阳太守，不受，武帝谓黯曰："吾徒得君之重，卧而治之。"（我只好借助你的威望，请你躺在家中去治理吧。）后用"卧治"称颂政事清简，无为而治。

㉙德星聚：犹"贤人聚"。语出南朝宋刘敬叔《异苑》卷四："陈仲弓从诸子侄造荀季和父子，于时德星聚。太史奏：五百里内有贤人聚。"德星，比喻贤士。

㉚败群之人：品行恶劣、危害社会或集体的人，义同汉语成语"害群之马"。

㉛能：充能，自以为有能力。文移：即公文。吏辈：小吏之类的人。

㉜本末：原委，始末。

㉝相善：关系友好。

㉞托：依靠，依赖。细：小。

㉟引笔：拿起笔来。累累：连续不断的样子。

【译文】

和漕台间有几次信使往来，其时正好碰上事务繁忙，没能附上对你的问候。我多次请托象先漕使向你致意，你们会面时他一定会带到的。

在严山建筑粮仓，这个规划不妥。如果说用船运粮到襄阳，则汉江水浅流急，运送起来旷日持久，当江水上涨漫溢时，风大浪高，大抵不能航行。如果从陆路运输，从严山到斑竹，号称六十五里，山路狭窄崎岖难行，其实还不止这么远。又大都有河水阻隔，春夏之间，常常因此而断绝通道。本军到斑竹八十五里，都是平坦的道路。再说严山不是集市之地，人烟稀少，用来储藏草料还可以，用来储藏粮食就很难看守。不如修理荆门军的仓库储藏粮食，如今城墙已经整修坚固，（储藏粮食）就像睡觉时头在枕上一样安全了。长林汪县令走小路巡视，经常亲自经过这些地方，叙说非常详尽，已经写在公文中，期望你决定这件事。

九江德化县县丞邓约礼，字文范，官阶为文林郎，今年冬季就要换任了。其家世居建昌，是临川李德远侍郎的女婿。他的房屋原来遭遇火灾，没有到德化做官之前，寄居在李氏家。如今他的妻兄做官任满回到临川，邓县丞想赶在没有换任之前回一次建昌营建居住的房屋，希望求得湖广总督衙门的一份义书。如果承蒙你允许，只需交付给我处，早晚就给他送去。也曾经委托象先转为请托，想来一定没有什么阻碍。此人是乡里的优秀人物，朴实纯正，做官很有成绩。近年来治理两府，担当艰难时事，不仅拯救其破败损坏之处，更使其成为美好的地方，民众很拥戴他，不忍他离去，无愧于像史册上写的那样，将来真可以当作备用的人才。韩昌黎《守戒》一文，以"在得人"结束全篇，此话真是精要啊。

荆门军所辖两位县令都很贤明，教官也时有裨补，自签书判官以下的官吏，都悉心做好自己的本职工作，没有其他私心杂念。只有主管税务的官员常有差错，近来得到一位指使辅佐，其履职情况顿时得到提升。对笨拙的人也不过帮扶和勉励，使他们的善心得以发扬，但愿能够有所成就而免除错误。如今农民和商人都安定顺服，官吏和兵卒懂得克制和敬畏，盗贼逐渐减少，即使有盗贼出现也立即被抓获，诉讼的案子很少，乃至十几天都没有一桩，枷锁、镣铐和鞭、杖等落满灰尘，各种刑具都放置不用，使用的机会非常少，一旦使用定会招来很多人围观，这哪里是迂拙无能的官员能够达到的治理局面？我私下感到幸运的，就是同僚都是我恰好碰到的需要的人。刚到荆门军时，累积的诉讼案件比较多，不是当地的风俗恶劣，只是不能消除那些败坏群体的人罢了。这些人傲慢地游走在城镇和市集，抓住官吏的一些短处，无理也要引起讼争，还期望一定胜诉。对方也不甘心，于是形成长期不决的官司，各衙门不能平息诉讼，竟然闹到路级衙门。当初就精心搜集案件的档案，辨别其中的是非曲直，最后又用道义和法理开导，使他们能够自我革新，能够自愿服从道义，希望改过的人本来也有十分之八九。至于仗恃奸邪而终不悔改的人，即使稍微驯服于一时，还是企图在今后重新逞凶使能，同类的恶人也看他们的情况来决定自己是否遵守道义和法理。十分幸运的是，各衙门都很贤明，使这些人没有重新逞凶使能的地方。如今讼案一天比一天减少，民风一天比一天淳厚，也正是因为这些原因。

近来收到书信，说未能了解张监。张监所追求的都很正派，议事论人有通常的法则，就任荆湖北路监司长官以来，所颁公文的条理，常常值得佩服。荆湖北路提点刑狱司张宪在九江时，我路过此地认识了他，承蒙他约我吃饭，也听到他自述施政情况，大抵也是有家法的。听说到常德宪台衙门任职后多病，很少会见宾客，公文也大多传入住宅内批阅签押，如果没有出现错误被抓住，这又哪里会影响到大体呢？躺在家中就把政事处理好了又有什么损害？即使说贤人相聚也是可以的。但是用事实来考察，却有大谬不然的地方。如今败坏群体的人都跑到宪台。这些人不到别的衙门，而到宪台，恐怕一定是有所轻慢才这样做的。如今不闻适宜与否，动不动就索取文案。文案送去，又不知怎么处理，动不动就觉得可怪。听说宪台的官吏最无礼，而又自以为能，看他们发下来的公文，似乎都出于小吏之手。荆门军也有几件事情是这样，其他的郡县就可推而知之。不想详尽叙述事情的始末，如果想知道，以后再告诉给你。听说象先和他关系很好，不知能否用道义来劝止他呢？奸诈的官吏和狡猾的刁民，仗他势来扰乱郡县、祸害良民，对政事民俗的损伤和败坏也不小啊。官员不可用非其人就是如此重要啊！

很久没有写信问候，提起笔来就写了如此之多，可一笑置之。

【导读】

张元善（按：应为詹元善。一说原名张元善，后更为詹元善，1143—1206年），名体仁，字元善，一字仪之，建宁浦城（今福建浦城）人，隆兴元年（1163年）进士，历任浮梁县尉、知静江府、提举浙西常平官、户部员外郎、湖广总领、司农少卿、太府卿等，直龙图阁。开禧二年（1206年）去世，终年六十四岁。著有《象数总义》《庄子解》《历学启蒙》《詹元善先生遗集》等著作。《宋史》有传。

张元善年少时师从朱熹，曾随同朱熹参加鹅湖之会，与陆九渊相识。此时的张元善任湖广总领，驻节武昌。总领是南宋官名，总管一路的财赋、军马钱粮等。陆九渊和张元善，二人既是上下级关系，又是多年的老朋友。陆九渊去世，张元善以湖广总领的身份写下祭文，略曰："儒者之学，出孝入弟，人言江西，陆氏兄弟。儒者之仕，信道行志，人言荆门，如古循吏。有修其绠，汲深未既，有恢其规，游刃余地。词流滔滔，寿考日遂，岂伊斯人，而俾憔悴。"[1]高度评价陆九渊并表示深切悼念。

这是一封长信，内容较多，但都与当时的政务和民情有关。

一是提建议，认为在严山修建粮仓不妥，理由是运输困难且难于看守，建议将粮仓设在荆门城内。这与陆九渊对荆门战略地位的认识和加强荆门防务的行为是一致的。

二是谈政务，讲到属下官员，认为"两令皆贤"，同官"皆悉心营职，无有异志"，"诸司皆贤明"，自己"适逢其人"。因此社会得到很好的治理，呈现出"农贾安帖，吏卒抑畏，盗贼衰息"的安定局面，以至于"讼牒之少，乃至旷旬，械答尘委，五刑植立，试用希阔，用必聚观"。这种局面绝非坐等所致，而是大家齐心努力的结果。

三是提意见，认为宪台在工作程序和方法上有一些不足之处，以致被"奸吏

---

[1] 《年谱》，《陆九渊集》卷三十六，中华书局1980年版，第513页。

猾民”所利用，造成“扰郡县，害良民，伤政败俗”的后果。

　　至于陆九渊为自己的学生邓文范请托“愿丐使台一檄”，也不能说是以权徇私。因为邓文范老宅遭遇火灾，如今其妻兄任满回乡无处安身，确实需要重建；况且是乡里人才，品德纯正，为官又能改革弊端，颇得民心。所以，陆九渊的请托，于情于理都是可以理解的。

与张元善(二)^①

【原文】

并启三函，良佩谦眷，备承作止，足慰倾驰①。事皆得请，尤用②感服。

近日得雨稍大，境内颇周遍，唯傍江陵界上多未种，此恐无及耳③。和籴④一事，得不及敝邑，可谓大惠。属者不雨，曾未逾月，民已艰食，亟发常平之粟，四散赈之，仅免狼狈⑤。继此雨泽沾足，尚得中下熟⑥，敝邑欲自措置，私籴少米，贮之乡间，以为异时之备。此谋或遂，皆门下⑦之赐也。

修城会子，甚济空乏⑧。余会若便得，乃幸，望示其期⑨。交纳银纲处，免苛留之患，皆藉余庇⑩。兑换会子二万贯，其数甚少。闻之去年换会子时，官府行之灭裂，细民又不善观揭示⑪，误认下文立限三月之内，有不及之数，并仍旧流转交易买卖，遂收不损坏者，不赴场换易，及至限满，既行使不得，悔之无及。今此惩前日之害，丛凑来换，官吏见发到会子不多，遂人限其数，日限其人，来者颇以为病⑫。前日令其限数日换三四千缗，来者原原，后又将不止⑬。又以商人以会子难得，滞留于此，所积或三四百千，或七八百千。官吏见其数多，又是商旅，又限其数，不肯换与。来诉淹留折阅之状，势不容不换与之⑭。所发会子，不供数日耳。公移再求五万，势恐未及此数，若觉未足，又当上浼⑮。

前日得新漕台复书，见其辞气温厚，有前辈典刑⑯，甚为之喜。第前此不相识，未欲遽以片纸输腹心⑰。象先书中，屡言林干之贤，欲通书，偶亦未及。漕台会次，得借一言之重，使获区区牧养之志，不胜幸甚⑱！郡县非得使家相知

---

① 本篇原载《陆九渊集》卷十六(中华书局 1980 年版，第 211～212 页)，写于绍熙三年(1192 年)秋七月，从信的开头"事皆得请"一句来看，当于上一封信之后不久。

95

闻，相假借，则吏文之能掣肘者多矣，切幸介念⑲。

汪长林真爱民如子，近有奸民杨汝意、方九成者，嗾其党类十余人，拥帅庭，诉其虐民⑳。词中有云："欲诉本军，又恐知军删定㉑太慈，若只送县，愈起仇民之意。"某在此，初未尝以姑息从事，猾吏奸民为柔良害者，屡绳治之矣㉒。单辞虚伪，或不待两造而得其情㉓。寻问根本，与之反覆，顷刻之间有奸露辞屈，伏罪而去者㉔。区区㉕于此，自谓有一日之长。讼争之少，盗贼之衰，殆亦以此。愚民但见械笞尘委，试用希阔，往往有慈仁之说。其奸黠驵侩者实有所惮，且恶其不便于己，他未有可以中伤，且倡和其间，加大慈等语，以为媒蘖之地㉖。帅庭之讼，此其验也。帅方祷雨未应，此辈乘时投辞㉗。帅旧知长林，方得书称叹其美，见规某不能拈出此牒，寻至亦不能不疑，观其判辞，不止于疑，遂至盛怒。章丈贤甚，某即以书解之，涣若冰释㉘，此等尤令人敬服。王谦仲在隆兴时，曾传闻一事，即以书告之，政与此相类，谩录往一观，此等亦不可不知也㉙。后见谦仲报书云，果有是事，但所判甚平，却不至于长奸㉚也。

此间号民淳，但细民淳耳，至其豪猾，则尤陆梁于江、浙也㉛。因笔不觉忉忉㉜。

【注释】

①良：很，非常。佩：佩服。谦眷：谦逊眷顾，敬辞。备：全部，完全，尽。承：受到，蒙受，敬辞。作止：犹作息，起居。倾驰：挂念，思念。倾：倾心。驰：向往。

②用：因此。

③傍：靠近，临近。江陵：地名，今湖北荆州市江陵县，时为荆湖北路首府，在荆门南。

④和籴：宋朝为供养庞大的常备军而征购粮草，通称"和籴"。

⑤不雨：不下雨。艰食：生活艰难。常平：国家为平抑粮价、备荒赈灾而设的粮仓。

⑥中下熟：收成中下等。

⑦门下：对长官的敬称，这里指张元善。

⑧会子：南宋发行的一种纸币。济：帮助，救济。空乏：穷困，贫困。

⑨余会若便得，乃幸，望示其期：余下的会子如果能很快得到，真是幸运之事，希望告诉下拨时间。

⑩银纲：唐宋时成批运送银钱的组织。藉：凭借，依靠。余庇：很大庇护。余，丰足，富裕。

⑪灭裂：草率，粗略。揭示：张贴的告示。

⑫惩：以为鉴戒。丛凑：聚拢凑集。病：有毛病，缺点。

⑬缗：成串的钱，一千钱为一缗，也叫一贯。原原：同"源源"，接连不断。

⑭淹留：停留，长久逗留。折阅：低价销售，亏损。势：形势，趋势，这里是动词，看形势。

⑮公移：发出公文。上浼：向上级央求。浼（měi），央求，请托。

⑯典刑：典范，楷模。

⑰第：只。遽：急，立即。片纸：很少的纸。这里指书信。

⑱会次：聚会。牧养：治理百姓。

⑲掣肘：比喻在做事情的时候，有人从旁牵制。介念：介意。

⑳汪长林：指长林县县令汪振。嗾（sǒu）：驱使狗时发出的声音，比喻怂恿别人干坏事。帅庭：帅司，即路安抚使司，俗称帅司，主管一路的军政，也兼管民政、司法和财政等。拥帅司，即越级上告于帅司。虐民：虐待百姓。

㉑删定：裁定，判决。

㉒柔良：温柔善良的人。绳治：惩治，制裁。

㉓单辞：单方面的说辞。虚伪：虚假，不真实。两造：诉讼的双方当事人。造，同"曹"，一方为一造，双方为两造。

㉔反覆：重复，翻来覆去。顷刻：片刻，一会儿。伏罪：服罪，认罪。

㉕区区：自称的谦辞。

㉖奸黠驵侩（zǎng kuài）：泛指奸邪狡猾的不法分子。驵侩，牲畜交易中的经纪人。中伤：故意诬陷伤害别人。倡和：一人提出主张，他人附和，以相呼应。媒蘖（niè）：媒，酒母；蘖，曲蘖。比喻借端诬罔构陷，酿成其罪。

㉗投辞：用言辞来迎合。

㉘涣若冰释：疑虑、误会等完全消除，就像冰消融一样。《老子》十五章："俨兮其若客，涣兮若冰之将释。"

㉙ 王谦仲：即王蔺(？—1201 年) 宋无为军庐江(今属安徽) 人, 字谦仲, 号轩山居士。孝宗乾道五年(1169 年) 进士及第。历官信州上饶主簿、鄂州教授、四川宣抚司干办公事, 后来升任武学谕。不久擢枢密院编修官, 除宗正丞。历监察御史兼崇政殿说书、礼部尚书, 进参知政事。光宗立, 迁知枢密院事兼参政。绍熙元年(1190 年) 拜枢密使, 旋罢。起帅江陵。宁宗即位, 改帅湖南。宁宗庆元年间韩侂胄专权, 排斥异己, 设《伪学逆党籍》, 王蔺与赵汝愚、留正、周必大四人被定为"首谋"。三年(1192 年) 为台臣论劾罢官, 奉祠归里。卒谥献肃。王谦仲耿直敢言, 所论时政得失, 皆切中要害。因嫉恶太甚, 同僚多忌之; 与陆九渊友善, 交集颇多。有《轩山集》。隆兴: 地名, 今江西南昌市。谩录: 随便记录。谩(màn), 通"漫", 随便, 姑且。

㉚ 长奸：助长奸邪的人和事。

㉛ 细民：小民, 老百姓。陆梁: 猖獗, 嚣张。

㉜ 因笔：信笔写来。因, 顺着, 随着。切切(dāo dāo): 唠叨。

【译文】

同时开启三封来信, 读后非常感佩你的谦逊眷顾, 对我作息起居格外关心, 足以告慰思念之情。本军所请示的事项都得到了批准, 因此尤其感激敬服。

近些天来雨下得稍大, 荆门军境内大致都下雨了, 只有靠近江陵县边界的地方很多没有播种, 此时恐怕来不及了。军队征购粮草一事, 能够不涉及荆门军, 可说是荆门的大好事。属地不下雨, 曾经不超过一个月, 民众已经生活艰难, 急忙发放常平仓的粮食, 四处散发救济, 仅仅避免了艰难窘迫的情况。随着这次使地面泥巴能够沾脚的雨水, 还能够得到中等偏下的收成, 本军想自己采取措施, 私下收购少量的稻米, 储藏在乡间, 为以后赈灾做准备。这个计划如能实现, 都是得到你的恩赐啊。

下拨的修筑城墙的会子, 对缓解财政贫困有很大帮助。余下的会子如果能很快得到, 真是幸运之事, 希望告诉下拨时间。银钱交纳到钱粮运输处, 免去了苛求和羁留之患, 都是靠着你的庇护。兑换会子共两万贯, 数量还是很少, 听说去年兑换会子时, 官府做事草率, 老百姓又不喜欢看张贴的告示, 误认为兑换期限限于三月之内, 有来不及兑换的, 一并仍旧流转交易买卖, 于是收集没有损坏的会子，又不到交易场所兑换，等到期限过了，已经不能流通使用，结果悔之无及。如今老百姓吸取此前的教训，都聚拢一起来兑换，官吏见发到的会子不多，于是限制每人兑换的数量，每天限制兑换的人数，来兑换的老百姓都认为这样做有毛病。前几天规定限制兑换数量是每天三四千贯，来兑换的人源源不断，后来又不止此数。又由于商人因为会子难得，长期逗留于此，所累积的铜钱有的三四百贯，有的七八百贯。官吏看到数量多，又是商人行旅，又限制兑换的数量，不肯换给他们。商人们到衙门述说长期逗留、生意亏本的情况，看情势又不容不换给他们。所下发的会子，不够几天兑换的了。发公文请求再下发五万，看情势还不止这个数，如果觉得不够，又要向上级请求增发。

前天收到新漕台的回信，见信中言辞语气温和厚道，有前辈的典范，很为此高兴。只是以前不相识，不想急忙写信说出心里话。象先的信中，屡次说到林干有德行有才干，想与他通信，也还没有做。漕台会聚时，还要凭借你一句有分量的话，使他实现治理地方百姓的区区志向，就是不胜幸运了。郡县不能使家事相互了解，相互帮助，那么能够掣肘的小吏文章就很多了，切记将这事放在心上。

长林县汪振县令真是爱民如子，近来有奸猾村民叫杨汝意、方九成的，唆使他的同伙十多人，越级上告到帅司，状告汪县令虐待百姓。状子中说："本想到荆门军告状，又担心知军判决太仁慈，如果只送到县里，更加引起他仇视百姓的心意。"我在荆门军，以前不曾用姑息的方法办理政事，有狡猾的官吏和奸诈的市民为害善良百姓的，屡次惩处过他们。单方面的说法并不可信，或者不等原被告双方对质获得实情。询问事情的来龙去脉，与他们反复质疑，他们很快就有奸计暴露理屈词穷，认罪而去的。我在此地任知军，自以为有一点长处。这里诉讼案件少，盗贼也越来越少，大概也是因为这点长处。愚昧的百姓只看见枷锁、镣铐和鞭、杖等落满灰尘，使用的机会非常少，往往就有我过于仁慈的说法。那些奸邪狡猾的不法分子实际上有所忌惮，况且我的做法于他们不利，其他的又没有什么可以拿来故意伤害的，就在其间加以附和，相互呼应，加上"特别仁慈"等话，以此作为陷人于罪的地方。他们越级上告于帅庭，就是证明。帅司正祷告求雨没有应验，这些人乘此机会用言语迎合。帅司原来了解长林汪县令，才有书信称赞他的优点，见规某不能检出这一诉状，等到找来了不能不起疑心，看帅司的判词，不止起疑，竟至于大怒。章帅十分贤明，我随即写信向他解释这件事，疑虑误会一下就消除了，这样行事尤其令人敬服。王谦仲在隆兴时，曾经传闻一件事，就写信告诉他，正与这件事类似，随便记下来给你看看，这些情况也不可不知。后来看到谦仲报告中所说，果然有这等事，只是裁判得很平和，却也不至于助长坏人坏事。

荆门号称民风淳朴，只是普通老百姓淳朴罢了，至于那些豪强奸猾之人，其猖獗嚣张比江浙一带还厉害。信笔写来不觉唠叨了。

【导读】

这封信主要讲三件事。

一是汇报自己"欲自措置，私籴少米，贮之乡间，以为异时之备"的设想。陆九渊就任以后，遭遇冬春连旱，虽然朝廷免除了"和籴"，但人民生活仍然艰难，"发常平之粟，四散赈之，仅免狼狈"。为了今后人民不挨饿，他提出了这一设想。

二是请求多拨付"会子"。"会子"是南宋时期由中央发行的一种纸币，实际就是一种汇票、支票，但可以和铜钱一样流通使用。为了防止伪造，绍熙年间"会子"是分期的，三年为一期，即每份"会子"的流通时间为三年，过期作废，所以每年都会在一定时间内，把即将过期的旧"会子"换成新"会子"。荆门当时是重要的物资集散地，商贾云集，"会子"的兑换量很大，有些人换不到"会子"造成滞留，还到衙门投诉，对社会和经济都有一定的影响，所以陆九渊请求上司多拨"会子"。

三是为属下汪长林作辩解。陆九渊对下辖长林县汪振县令的工作是肯定的，曾经上书举荐。陆九渊秉持"必先正人心"的治荆理念，重在引导人心向善，执法相对比较宽松，这也影响到下属的施政方式。这虽然得到多数人的欢迎，但也引起极少数人的不满，他们越级上告，告汪县令"虐民"，告陆九渊执法不严、姑息从事等，陆九渊对此进行了辩解和说明。

祷雨文五篇①

【原文】

(一) 荆门祷雨文

荆门故楚国也①。江汉为疆，沮漳在境，东有百顷，南有龟山，西有玉泉，北有上泉，中为蒙泉，皆炳灵效异，为此土之望②。旱干水溢，实与守臣同其责③。

往岁之冬，兹岁之春，霈泽殊啬④。今既立夏矣，陂池⑤涸绝，种未入土。斯民凛凛有无年之忧⑥。守臣不德，当身受其咎，斯民何辜? 谨卜日为坛于蒙泉山顶，刑鹅荐血，瘗于兹坛之右，庸敬告于尔有神，其尚鉴于兹⑦。

(二) 望坛谢雨文

蠲吉为坛，以元酒茗饮祷雨于是邦山川神祇⑧。曾不崇朝，雷动云合，甘泽随降，滂霈浃洽，冬春所无⑨。灵应响答，民情大慰。谨率官寮，望坛祇谢。惟兹积旸⑩，陂池久涸，泉源未动，是安得无数? 愿无爱威灵，尚终惠之，是用卒请⑪。

---

① 这一组文章原载《陆九渊集》卷二十六(中华书局 1980 年版，第 309~311 页)，写于绍熙三年(1192 年)春夏之间。

又

属以是邦，经冬涉春，雨泽殊少。启蛰[12]之后，雷震不作，已逾立夏，陂池尚涸。创兹为坛，用祈于尔有神。为坛之辰，油云四兴，疏雨为兆。致祷之日，先以震雷，从以膏雨，滂霈周浃，连日不怠[13]。灵应昭然，凡厥吏民，孰不感动？谨率郡寮，诣坛祇谢！继是雨旸时若，百谷顺成，民戴神惠，其有穷哉[14]！

(三) 东山祷雨文

谨率阖郡官僚，以元酒茗饮，致告于山川之神。荆门为郡，大抵在江汉之间。南面为江陵，而江实在焉。唯沮漳由当阳以入江，在郡之西。正北为襄阳，而汉实略襄阳而后南折，为长林东境。故荆门之山，发于嶓冢，止于西山[15]。蒙泉原[16]其下，以在郡之西，故曰西山。其支山沿溪而东，以绕郡治，有峰峨峨然曰东山，有浮屠在其上，于西山为宾[17]。

季春之月，以不雨之久，为坛西山之巅，以致其祷。灵应响答，沛然为霖。比日又以不雨申致其请，连三日皆诣坛致请[18]。有云油然，有雨潇然[19]，而竟未滂霈。正昼间开霁，二日三日之夕，西北境有雷雨甚久，电光密迩，而不及郡城[20]。东南土田至广，仰[21]雨尤急，殊不沾及。

窃惟所以事神者未至[22]。古之祠山川者，皆为坛望其所祠。今西山之坛，既获灵应，不敢废也。然观东山，正为西山之宾，西望则山川之本原，皆森列在前，宜为坛以致祷[23]。是用于此伸致前请，惟神其鉴之[24]。

(四) 东山刑鹅祷雨文

谨率阖郡官僚，诣东山新坛，以望西山，敢告于兹土五方山川之神[25]：自六月庚辰致祷之后，境内每有雨泽。凡诣坛之时，云气必变，雨泽虽未沾洽[26]，可见灵应。然郡城至今未得大雨，诸乡亦未周遍。窃惧所以事神之礼未至。春季致祷西山之时，刑鹅荐血，瘗于坛侧，用著厥[27]诚。兹月之祷，此礼未讲。惟神恕其不逮[28]，而许其自新，其尚鉴兹诚。

（五）上泉龙潭取水祷雨文

兹岁不雨之久。是月六日，于蒙泉山顶为坛致祷，十有二日，又于东山望坛申致厥请。自六日之朝，有云油然，有雨祈然，由郡城以及诸乡。是故诸乡循环得雨，但未滂霈浃洽。虽蒙灵应，未终大惠。是用竭诚致请，敢敬以净瓶迎泉，归置郡治东荆岑亭上㉙，朝夕致敬，以幸灵沛。尚飨㉚。

【注释】

①荆门故楚国也：荆门是从前楚国的属地。荆门，今湖北省荆门市。据《荆门州志》记载，春秋时期，荆门称"权城"，楚武王并入楚国版图。南宋时期，荆门设"军"，属荆湖北路管辖，下辖长林县和当阳县。

②江汉：长江和汉水。疆：疆界，边界。沮漳：沮河和漳河。沮河，发源于湖北省保康县西南，在今当阳市河溶镇与漳河汇合，南流到江陵县入长江。漳河，发源于湖北省南漳县，如今在荆门市境内修建有漳河水库，为全国八大水库之一。百顷：山名，位于荆门城东 30 余千米。龟山：山名，在荆门城南约 15 千米。玉泉：山名，在今当阳市境内，山麓有玉泉古刹。上泉：泉水名，位于荆门城北子陵铺，因泉水上涌，故名上泉。附近建寺，名上泉寺。蒙泉：泉水名，位于荆门城西蒙山（今名象山）东麓，故名蒙泉。炳灵：显示出灵气。望：名望；声誉。

③旱干：天旱干涸。水溢：水泛滥；大水溢漫，即水涝成灾。实：实际上；事实上。守臣：当地守土之臣，即地方长官。此处指陆九渊本人。

④往岁：去年。兹岁：今年。霈泽殊啬：雨水非常少。霈，大雨。泽，雨露。啬，缺少，贫乏。

⑤陂（bēi）池：池塘。

⑥凛凛：恐惧的样子。无年：没有收成，绝收。

⑦卜日：占卜选定吉日。刑鹅荐血：宰鹅并向神灵敬献鹅血。刑：杀。荐：敬献。瘗（yì）：埋葬。庸：于是。尚鉴：请求审察。尚：副词，表示祈求、命令等。

⑧蠲(juān)吉：选择吉日。蠲，使清洁。古人在祭祀前沐浴净身，以示恭敬。元酒茗饮：美酒名茶。神祇：天地神灵的总称，在天为神，在地为祇。

⑨崇朝：终朝，一个早晨。滂霈：雨水盛多的样子。浃洽：遍及。

⑩积旸：连日晴天。旸，天晴，出太阳。

⑪卒请：最后的请求。

⑫启蛰(zhé)：蛰虫启动，即"惊蛰"。

⑬膏雨：滋润土壤的好雨水。周浃：周遍深入，遍及。

⑭雨旸：雨天和晴天。时若：应时而来。若，形容词尾……的样子。

⑮嶓冢(bō zhǒng)：山名，在今陕西省宁强县西北，为汉水上源之一。西山：山名，即荆门城西象山，古称蒙山，俗名西山。

⑯原：水源，源头。今作"源"。

⑰溪：溪水，指象山东麓四泉会聚形成的河流，俗称"竹皮河"。峨峨然：高峻的样子。东山：山名，位于荆门城东，今人俗称"东宝山"。浮屠：佛教对宝塔的称呼，这里指"东山宝塔"，今人俗称"东宝塔"，相传为隋朝开皇十三年（593年）所建。

⑱比日：连日，近日。申致：申说，表白。

⑲油然：浓云涌聚的样子。潇然：雨水急骤的样子。

⑳昼间：白天。开霁：风雨停止，云雾消散。密迩：贴近，靠近。

㉑仰：脸向上，引申为盼望。

㉒窃：谦辞，私自，私下。事神：侍奉神灵。

㉓西山之宾：西山的辅佐。宾：本义为宾客，引申为辅佐。宾客是与主人相对而言的，主人是主要的，宾客则是从属的、辅助的，所以引申为辅佐之义。本原：根基，基础。森列：排列繁密、森严。

㉔惟：句首语气词，表示强调或祈使。鉴：鉴察，明察。

㉕阖郡：全郡。诣：往，到。五方：指东西南北中五面，泛指各方。

㉖沾洽：雨水遍及。

㉗厥：助词，之。

㉘不逮：不及，不到，指考虑事情不周到，礼节不完备。

㉙净瓶：泛指洁净的容器。荆岑亭：荆门军府衙内亭阁名。

㉚尚飨：旧时祭文常用的结语，意为希望神灵来享用祭品。

【译文】

（一）荆门祷雨文

荆门是原来楚国的属地。长江、汉水是它的边界，沮河、漳河在境内流淌，东边有百顷山，南边有龟山，西边有玉泉山，北边有上泉，中央是蒙泉，都有显赫的灵气而与众不同，是荆门地方的名望。防止天旱干涸抑或大水溢满，山水神灵事实上要与我共同负担起这个责任。

从去年冬天，到今年春天，雨水都非常少。如今已经立夏时节了，池塘全是干涸的，种子还没有入土。民众心生恐惧，担忧今年没有收成。荆门守臣我不修德行，应当使其身受处罚，那里的民众有什么罪呢？我恭谨地占卜选定吉日，在蒙泉山顶修筑祭坛，宰鹅进献鹅血，埋藏于祭坛的右边，于是敬告你们各位神灵，请求你们到这里审察。

（二）望坛谢雨文

选择吉日修筑祭坛，用美酒好茶向荆门之地的山川神灵祈祷雨水。竟然时隔不到一个早晨，就雷声响动云雾四合，甘霖随即降落，大雨纷纷遍及全境，是去冬今春所没有的。神灵的回应如此及时，民众的忧虑心情得到很大安抚。我恭谨地率领全军官员，面向祭坛真诚感谢。只是此地连日晴天，池塘干涸已久，水的源头还没有流动，这怎么能心中无数呢？希望神祇不要吝啬自己的威灵，最终给民众带来恩惠，这是最后的请求。

又

所属的荆门之地，从去年冬天到今年春天，雨水特别地少。惊蛰过后，不闻雷声，已经过了立夏，池塘还是干涸的。在这里修筑祭坛。用于向各位神灵祈祷降雨。修筑祭坛的时候，浓云四面涌起，落下稀疏的雨点作为先兆。到正式祈祷降雨的日子，先是听见雷声震响，接着就是雨水降落，大雨遍及荆门全境，一连几天不停。神灵的回应如此明显，那些官吏和民众，谁不感动？我恭谨地率领地

105

方同僚，到祭坛真诚致谢！从此风调雨顺，各种作物顺利获得收成，民众感戴神灵的恩惠，哪里会有穷尽啊！

（三）东山祷雨文

我恭谨地率领全郡的官员，用美酒茗茶，敬告于山川神灵。荆门作为一个郡，大抵位于长江和汉水之间。正南面是江陵县，而长江就从那里流过。只有沮河、漳河由当阳而流入长江，位于荆门的西部。正北是襄阳，而汉水经过襄阳城而后向南拐弯，成为长林县东面的边境。所以荆门的山，起于汉水上游的嶓冢山，止于西山。蒙泉原来在西山脚下，因为山在荆门城西，所以称作西山。西山分出的支脉沿溪水向东，围绕着荆门军治所，形成巍然高峰，名叫东山，上面建有宝塔。对于西山来说，东山是一位相向而立的客人。

春季最后一月，因为很久不下雨，在西山山顶修筑祭坛，用来向神灵祷雨。神灵回应迅速，很快下了大雨。近日又因为不下雨，再次向神灵祈祷请求降雨，一连三天都到祭坛去祈祷。虽然有浓云四起，有雨水降落，却没有形成滂沱大雨。中午就雨住天晴，第二天和第三天的傍晚，荆门西北边境有雷雨下了很久，闪电光靠近郡城，却没有到荆门城。荆门东南田地广阔，民众盼望下雨尤其急切，可一点雨都没有沾到。

我私下认为这是因为侍奉神灵礼数还不周到。古代祭祀山川神灵的人，都是修筑祭坛，面向神灵的祠庙进行祭祀。如今西山的祭坛，已经获得神灵的回应，不敢把它废弃了。然而观察东山的位置，正是西山的辅佐，站在东山向西望，则山川的根基和源头，都整齐森严地排列在眼前，适宜修筑祭坛向神灵祈祷。因此在这里重申先前的请求，希望神灵能明鉴我的心意。

（四）东山刑鹅祷雨文

我恭谨地率领全郡官员，到东山新修筑的祭坛，遥望西山，胆敢求告于荆门这块土地上的五方山川神灵：从六月庚辰日祷告求雨之后，境内每次都有降雨。大概每次到祭坛之时，云气必然有变，雨水虽然没有遍及全郡，也可见是神灵的回应。然而荆门城至今没有得到大雨，各乡村也没有全部降雨。我私下里害怕这是因为侍奉神灵礼数不周到。春季在西山向神灵祷雨的时候，杀鹅献血，埋葬在祭坛的旁边，因而显得特别诚恳。这个月的祷雨仪式，没有施行这一祭礼。希望神灵宽恕我虑事不周到，礼节不完备，而允许我改过自新，请求明鉴我的这份诚意。

(五)上泉龙潭取水祷雨文

今年不下雨很久了。这个月初六，在蒙泉山顶修筑祭坛向神灵祷雨，十二日，又在东山遥望祭坛重申了祷雨请求。从初六早晨，就有乌云油然而起，有雨应请而降，从荆门城直到各乡。所以各乡都循环下雨，只是没有形成大雨，也没有遍及各地。虽然承蒙神灵回应降雨，终究还没有大恩惠。因此我竭尽诚意向神灵请求，胆敢用净瓶装取上泉水，迎回荆门城放置于郡治东边的荆岑亭上，早晚向神灵致敬，以期降下大雨。希望神灵都来享用祭品。

【导读】

关于这一组祷雨文写作时间，祭文中写道："今既立夏矣，陂池涸绝，种未入土"，"已逾立夏，陂池尚涸"，"是月六日，于蒙泉山顶为坛致祷，十有二日，又于东山望坛申致厥请"，可知《荆门祷雨文》写于绍熙三年(1192年)五月六日，《东山祷雨文》写于五月十二日。陆九渊在《与章德茂(三)》中说："敝邑初六日致祷，虽未即得霖泽，坛遗之所，朝暮致敬，祠官未常不沾湿也。惟望日终日晴彻，四无纤云。既望之朝，率郡官迎致上泉，复冒雨而归。"可见《上泉龙潭取水祷雨文》写于五月十六日("望"指月圆之日，即农历每月十五，"既望"指十六日)。

祷雨时间跨度较长，笔者认为，应该是在绍熙三年农历的三月至五月。为什么是五月而不是四月呢？我们从陆九渊的两处记载中可以得出答案。《东山祷雨文》说："季春之月，以不雨之久，为坛西山之巅，以致其祷。灵应响答，沛然为霖。"《与陶赞仲》说："春季尝一致祷于山川之神，其应如响，山溪涨溢，田亩充足。然至是又无大雨，地上以积干易涸。今既逾月，又以旱告矣，势甚可畏。昨日复致祷，诣坛之时，雨亦随下，然竟不能成泽。"[1]由此可知，陆九渊在三月

---

① 《与陶仲赞》，《陆九渊集》卷十五，中华书局1980年版，第192页。

已经有过一次祷雨，而且下了大雨，"山溪涨溢，田亩充足"，"今既逾月，又以旱告矣"，可见距离上次祷雨已经超过一个月，推算起来应是五月初六更合理。况且从农时来看，荆门地处长江中游，五月正是大面积春耕播种的季节，正应了"种未入土。斯民凛凛有无年之忧"的说法。

"蒙泉山""西山"即今象山（当时称蒙山），"东山"即今东宝山，两山东西对峙，西山为主，东山为辅，荆门古城即位于中间河川平地。"上泉"，泉水名，在荆门城北十五公里之灵鹫山东麓（今荆门市东宝区子陵铺镇境内），泉旁有寺，相传为东晋时远公禅师所建，如今已毁。

陆九渊就任荆门后，就遇到冬春连旱。季节已过立夏，却池塘干涸，种子不能入土，"斯民凛凛有无年之忧"，恐怕要遭受灾荒之苦。对此，陆九渊心急如焚，旬日之内，多次祷雨，其殷殷之情，力透纸背。

与陶赞仲①

【原文】

某承乏将十阅月，未有善状①。冬春久晴，种不入土。春季尝一致祷于山川之神，其应如响②，山溪涨溢，田亩充足。然至是又无大雨，地上以积干易涸，今既逾月，又以旱告矣，势甚可畏。昨日复致祷，诣坛之时，雨亦随下，竟然不能成泽。今早复叩之，亦以疏雨见应，未蒙霈然之赐。幸酝酿③未解，犹有可望。不然，定当投劾，以谢斯民也④。

《太极图说》，乃梭山兄辨其非是，大抵言无极而太极是老氏之学，与《周子通书》不类⑤。《通书》言太极不言无极，《易大传》⑥亦只言太极不言无极。若于太极上加无极二字，乃是蔽于老氏之学。又其《图说》木见于朱子发附录⑦。朱子发明言陈希夷太极图传在周茂叔，遂以传二陈，则其来历为老氏之学明矣⑧。《周子通书》与二陈言论，绝不见无极二字，以此知三公⑨盖以皆知无极之说为非矣。梭山曾与晦翁面言，继又以书言之，晦翁⑩大不谓然。某素是梭山之说。以梭山谓晦翁好胜，不肯与辩。某以为人之所见偶有未通处，其说固以己为是，以他人为非耳，当与之辩白，未可便以好胜绝之，遂尾其说，以与晦翁辩白，有两书甚详，曾见之否⑪？以晦翁之高明，犹不能无蔽，道听途说之人，亦何足与言此哉？

仁义忠信，乐善不倦，此夫妇之愚不肖，可以与知能行。圣贤所以为圣贤，

---

① 本篇原载《陆九渊集》卷十五(中华书局 1980 年版，第 192~194 页)，从信的开头"某承乏将十阅月"可知，写于绍熙三年(1192 年)夏六月。陶赞仲，陆九渊的学生，生平事迹不详。

亦不过充此而已。学者之事当以此为根本。若夫天文、地理、象数⑫之精微，非有绝识，加以积学，未易言也。某欲作一撰著说，稍发易数之大端，以排异说，晓后学⑬。坐事夺，未克成就⑭。早晚就草，当奉纳一本。何时合并，以究此怀⑮。

德成而上，艺成而下，行成而先，事成而后⑯。《论语》曰："入则孝，出则弟，谨而信，泛爱众，而亲仁⑰。"曰："言忠信，行笃敬⑱。"孟子曰："仁义礼智根于心，其生色也，睟然见于面，盎于背，施于四体，四体不言而喻⑲。"曰仁义忠信，乐善不倦，此等皆德行事，为尊为贵，为上为先。乐师辨乎声诗，祝史辨乎宗庙之礼，与凡射、御、书、数等事，皆艺也，为卑为贱，为下为后⑳。古人右能左贤，自有定序。夫子曰："君子多乎哉？不多也㉑。"曾子曰："笾豆之事，则有司存㉒。"凡所谓艺者，其发明开创皆出于古之圣人。故曰百工之事，皆圣人作也。然圣人初不尚此，其能之也，每以教人，不以加人㉓。若德行中庸㉔固无加人之理。世衰道微，德行浅薄，小人之有精力者，始以其艺加人，珍其事，秘其说，以增其价，真所谓市道㉕。故风俗日以不美，流传之久，艺之实亦不精，而眩鬻之风反更张大㉖。学者不辨本末，不知高下，未有不为此辈所眩者。

吾观近时谈数学者，陋日益甚，妄日益炽，未尝涉其门户，得其师传，安能辨其是非㉗？但以前尊卑、贵贱、上下、先后之义推之，则自知所抉择，谲妄㉘之情状，大概亦可见矣。

作书毕，恐赞仲不能不惑于妄人庸夫之说，故复此书，以助抉择。

【注释】

①承乏：在任官吏常用的谦辞，意思是说所任职位一时无适当人选，暂由自己充数。承：承担；担当。乏：缺少。十阅月：满十个月。

②其应如响：比喻对答迅速，反应极快。应，应和。响，回响。《管子·心术上》："若影之象形、响之应声也。"

③酝酿：本义是酿酒。酿酒要有一定的时间才能成功，后比喻事物逐渐成熟形成。这里指乌云正在聚集，为下大雨作准备。

④投劾：投递揭发罪行的文状。谢：报答。

⑤《太极图说》：北宋理学家周敦颐为其《太极图》写的一篇说明，该文认为，

"太极"是宇宙的本原，人和万物都是由于阴阳二气和水火木金土五行相互作用构成的。梭山：即陆九渊的四兄陆九韶，字子美，因与学者讲学于梭山，号梭山居士。老氏：即老子，春秋时期著名思想家，道家学派创始人，著有《老子》（又名《道德经》）一书。《周子通书》：北宋周敦颐所著的哲学著作。

⑥《易大传》：又名《易传》《十翼》，《周易》的组成部分，是古代儒家学者对《周易》所作的解释，共十篇。

⑦朱子发：即朱震（1072—1138年），字子发，宋荆门军（今湖北省荆门市）人，世称汉上先生。宋徽宗政和五年（1115年）中进士。在任职知州、知县期间，为政清廉。绍兴初，宰相赵鼎认为朱震学识渊博，廉政守道，向朝廷推荐。宋高宗即召见朱震并问《易》《春秋》之旨，他以所学答对。宋高宗听后，便提升他为礼部员外郎，兼（四）川、陕（西）、荆（州）、襄（阳）都督府评议官。后历任秘书少监、中书舍人、给事中、翰林学士等职。朱震著有《周易（卦图）》三卷、《周易丛说》一卷、《汉上易解》、《汉上易集传》八卷、《春秋左氏讲义》三卷。今人王婷、王心田点校辑为《朱震集》，2007年岳麓书社出版发行。朱震所见太极图原图附有周敦颐的《太极图说》文章，朱震说："陈抟以《先天图》传种放，放传穆修……修以《太极图》传周敦颐，敦颐传程颢、程颐。"（见《朱震集·进书表》，岳麓书社2007年版，第1~2页。）

⑧陈希夷：即陈抟（？—989年），字图南，号扶摇子，宋太祖赐号"希夷先生"，亳州真源（今河南省鹿邑县，另说在今亳州市）人，居华山40年，是五代至宋初的道教大师。周茂叔：即周敦颐（1017—1073年），又名周元皓，原名周敦实，字茂叔，谥号元公，北宋道州营道楼田堡（今湖南省道县）人，世称濂溪先生。周敦颐是北宋五子之一，是宋朝儒家理学思想的开山鼻祖，文学家、哲学家，著有《周元公集》《爱莲说》《太极图说》《通书》（后人整编进《周元公集》）。所提出的无极、太极、阴阳、五行、动静、主静、至诚、无欲、顺化等理学基本概念，为后世的理学家反复讨论和发挥，构成理学范畴体系中的重要内容。黄宗羲《宋儒学案》评价："孔子而后，汉儒止有传经之学，性道微言之绝久矣。元公崛起，二程嗣之……若论阐发心性义理之精微，端数元公之破暗也。"二程：即程颢和程颐。程颢（1032—1085年）字伯淳，学者称明道先生。北宋哲学家、教育家、诗人和北宋理学的奠基者。程颢曾和其弟程颐学于周敦颐，共创"洛学"，世称

"二程"，同为北宋理学的奠基者，其学说在理学发展史上占有重要地位，后来为朱熹所继承和发展，世称"程朱学派"。其所亲撰有《定性书》《识仁篇》等，后人集其言论所编的著述书籍有《遗书》《文集》等。程颐(1033—1107 年)，字正叔，洛阳伊川(今河南洛阳伊川县)人，世称伊川先生，出生于湖北黄陂，北宋理学家和教育家。为程颢之胞弟。历官汝州团练推官、西京国子监教授、秘书省校书郎等。其著作有《周易程氏传》《遗书》《易传》《经说》，被后人辑录为《程颐文集》。明代后期与程颢作品合编为《二程全书》，有中华书局校点本《二程集》。

⑨三公：这里指周敦颐、程颢、程颐三人。

⑩晦翁：即朱熹(1130—1200 年)，字元晦，又字仲晦，号晦庵，晚称晦翁。祖籍徽州府婺源县(今江西省婺源)，生于南剑州尤溪(今属福建省尤溪县)。南宋时期理学家、思想家、哲学家、教育家、诗人。

⑪尾：在后跟随。两书：指陆九渊淳熙十五年(1188 年)四月十五日《与朱元晦》和同年十二月十二日《答元晦》两封书信。

⑫象数：原为通过龟(象)、筮(数)企图用符号、形象和数字推测宇宙变化的一种学说，后经宋邵雍以《易大传》所释八卦的形成为依据，杂糅道家和佛学，虚构出一套宇宙构成图式，被称为象数学。

⑬揲蓍(shé shī)说：关于抽蓍卜卦的学问。揲，以蓍草卜卦，用蓍草五十，先取其一，余四十九分为两组，然后四根一数，以定阳爻和阴爻。《周易·系辞上》："揲之以四，以象四时。"蓍，草名，可入药，古代用来占卜。发：阐明，启发。

⑭坐事夺：因为别的事而耽搁了。坐，由于，因为。夺，耽误。克：能够。

⑮合并：会面，聚会。究：尽，使穷尽。

⑯德成而上，艺成而下，行成而先，事成而后：语出《礼记·乐记》："是故德成而上，艺成而下；行成而先，事成而后。"意思是，因为德行有成就所以处于上位，由于技艺有成就所以处于下位；德成的表现形式是行成，所以在前面，艺成的表现形式是事成，所以在后面。意在说明一个道理：一个人如果德行高尚，那么他所取得的成就就会很高；相反，如果一个人品德低劣而只凭技艺高超，那么他取得的成就就会很低下。

⑰入则孝……而亲仁：语出《论语·学而》，大意是，(后生小子)在家里爹

娘面前要孝顺，出门在外要顺敬兄长，说话做事要谨慎诚实，广泛地友爱大众，从而做一个亲近仁德的人。

⑱言忠信，行笃敬：语出《论语·卫灵公》，大意是言语忠诚老实，行为忠厚严肃。

⑲仁义礼智……四体不言而喻：语出《孟子·尽心上》，大意是仁义礼智植根于他的心中，而生发出来的纯和温润的神色，表现在颜面上，显现在脊背上，散布在四肢上。通过手足四肢的动作，不用言说，别人就一目了然。睟(suì)然：润泽的样子。

⑳祝史：宗庙中主持祭礼的人。数：算术，古代六艺之一。

㉑君子……不多也：语出《论语·子罕》，大意是君子会很多的技艺吗？不会有很多的。

㉒笾豆之事，则有司存：语出《论语·泰伯》，大意是至于礼仪中的具体小事，自然有主管的官员布置。笾(biān)，一种竹制的器具，古代举行祭祀、宴会时用来盛果脯等食品。豆，古代食器，形似高脚盘。笾和豆都是古代的礼器，笾盛果品，豆盛肉食，借指祭祀时的礼仪等。

㉓加人：语本《论语·公冶长》："我不欲人之加诸我也，吾亦欲无加诸人。"后来用"加人"指侵犯他人，凌驾于他人之上。

㉔中庸：平常，中等。

㉕市道：交易的窍门。

㉖眩鬻(yù)：炫耀和卖弄。

㉗数学：这里指"数术"，以星象、五行、占卜等推测人事吉凶的知识和方法。陋：浅薄，见识短浅。妄：荒诞，无根据。炽：昌盛，势盛。

㉘谲(jué)妄：怪异，荒诞。

【译文】

我暂时充数知荆门军将满十个月了，却没有好的政绩。去冬今春久晴无雨，种子不能入土。春季曾经祷告本地山川神祇求雨，很快就降下了大雨，山溪涨水漫溢，田地得到充足的灌溉。但从此再没有下大雨，土地因为长期干旱而容易干涸，至今已经超过一月，又显现出旱灾迹象，来势很让人担心。昨天又向神祇祷告求雨，到达祭坛之时，也下了雨，但直到雨停也没有形成地面流水。今天早晨又去祷告，神祇也只以稀疏的雨点回应我，没有赐给滂沱大雨。所幸的是天上乌云聚集没有消散，还有下大雨的希望。不然，一定向上级自投弹劾状，来报答这里的民众。

《太极图说》，是梭山兄认为其不对，大概是说无极而太极是老子的学说，与《周子通书》不同。《通书》只说太极不说无极，《易大传》也只说太极不说无极。如果在太极上面加上无极二字，就是受到老子学说的蒙蔽。另外他的《图说》本来见于朱子发的附录。朱子发明确地说陈希夷太极图传给周茂叔，最后又传给二程，那么其来历是老子的学说就很明确了。《周子通书》和二程的言论，绝对看不到无极二字，凭此可知三公大概都已经知道无极之说是不对的了。梭山曾与晦翁当面讲到这些，后来又在书信中讲到这些内容，晦翁却大不以为然。我素来赞成梭山的说法。因为梭山认为晦翁争强好胜，不肯和他辩白。我认为人的见解偶尔有不通的地方，其学说总认为自己是对的、认为别人是错的，应当与他辩白，不能随便以争强好胜的理由就拒绝他，于是顺着梭山兄的说法，继续和晦翁辩白，有两封书信写得非常详细，你是否见到过？凭着晦翁的高明，还不能不被蒙蔽，那些道听途说之人，又哪里值得和他们谈论这些呢？

讲究仁义忠信，乐于做好事而不知疲倦，这对无知而不贤的夫妇，可以凭此与聪明而能干的人同行。圣贤之所以成为圣贤，也不过在这一点上做得很完美而已。学者做学问也应当以此为根本。像那天文、地理、象数等精深微妙的学问，没有超越凡人的见识，再加上长期的学习钻研，不敢轻易谈论。我打算写一篇关于抽蓍卜卦学问的文章，略微阐发易数的主要内容，用以排除不合正统的说法，晓谕后来的学者。因为其他事给耽搁了，至今未能完成。早晚起草完了，当送你一本。什么时候见面，以实现我的心愿。

德行有成就的就处于上位，技艺有成就的就处于下位；德行有成就的表现形式是行成，就在前面，技艺有成就的表现形式是事成，就在后面。《论语》说："(后生小子)在家里爹娘面前要孝顺，出门在外要顺敬兄长，说话做事要谨慎诚实，广泛地友爱大众，从而做一个亲近仁德的人。"又说："言语忠诚老实，行为忠厚严肃。"孟子说："仁义礼智植根于他的心中，而生发出来的纯和温润的气色，表现在颜面上，显现在脊背上，散布在四肢上。通过手足四肢的动作，不用言说，别人就可以明白。"说的是讲究仁义忠信，乐于做好事而不知疲倦，这些是修养德行的事，所以为尊为贵，为上为先。乐师辨别不同的声律诗韵，祝史熟悉宗庙祭祀的各种礼仪，以及射箭、驾车、书法、算术等事，都是技艺，所以为卑为贱，为下为后。古人排座位时右能左贤，自有一定的秩序。夫子说："君子会有很多技巧吗？不会有很多的。"曾子说："祭祀礼仪中的具体事情，自然有主管的官员布置。"凡是所谓的技艺，其发明和开创都出自古代的圣人。所以说从事各种工艺生产者所做的事，都是圣人开创的。然而圣人起初并不推崇这些，他们开创了技艺，常常用来教导别人，不是凭此凌驾于别人之上。如果德行中等，本来也没用凌驾于别人之上的道理。世道衰微，德行浅薄，小人之中有精力的，开始凭借技艺而凌驾于别人之上，以自己所做的事为珍贵，以自己的学说为秘密，以此来增加其价值，这真是所谓交易的窍门啊。所以风俗一天比一天变坏，长此以往，技艺的真实本领更加不精，而炫耀卖弄的风气反而更加扩大。学者如果不辨本末，不知高下，没有不被这些人迷惑的。

我看近来谈论数术的人，孤陋寡闻日甚一日，而狂妄荒诞却日益厉害，不曾进入他们的门户，得到他们老师的传授，又怎么能辨别他们的是与非呢？只是用前面所说的尊卑、贵贱、上下、先后的道理来推断，则自能知道他们的抉择，其怪异荒诞的样子，大概也可以想象出来了。

信写完后，担心赞仲不能不迷惑于诳妄和平庸之人的学说，所以又加写了这些，以助你作出正确的抉择。

【导读】

这封信主要内容有三：

第一，介绍荆门政务情况。当年，荆门发生冬春连旱，陆九渊为此竭尽心力，甚至想到"定当投劾，以谢斯民"，其勇于担当的精神十分感人。

第二，简要回顾了陆氏兄弟与朱熹就"太极""无极"进行争辩的过程，这场辩论也是中国哲学史上的著名事件之一。事情本来由陆九渊的四兄陆九韶引起，后来陆九韶因"晦翁好胜，不肯与辩"，而陆九渊却接过话题，继续与朱熹辩论。"心即理"、"心理为一"是陆九渊与朱熹的根本区别。因此他对朱熹分心理为二极为不满："天下正理不容有二"，"不明此理（心即理），私有端绪，即是异端"，认为朱熹对于外在于人心之"理"的论述是"床上叠床，屋下架屋"，完全是多余的。陆九渊前后给朱熹写过三封长信与之辩论。后来朱熹挂起了"免战牌"，他写信对陆九渊说：日迈月征，时间很快，我们不争了吧！"各尊所闻，各行所知，亦可矣，无复望其必同也。"陆九渊回信说：君子改过人皆仰之，想必老兄对这个问题已经焕然通悟了吧。于是这场历时五年的争论无果而终。

第三，感叹世风日下，指出"仁义忠信，乐善不倦，此等皆德行事，为尊为贵，为上为先"，强调要尊德性，也是本文的重点。在陆九渊看来，"德成而上，艺成而下，行成而先，事成而后"。德行总是放在首位的，"仁义忠信，乐善不倦……圣贤所以为圣贤，亦不过充此而已。学者之事当以此为根本"。而反观现实，却是"世衰道微，德行浅薄"，"风俗日以不美，流传之久，艺之实亦不精，而眩鬻之风反更张大"，"陋日益甚，妄日益炽"。对于这些社会现象，陆九渊是看在眼里，急在心里，却也无力改变，只能从自己做起，从身边做起。考虑到自己的学生"赞仲为人质实，学虽未至，且守质朴"①，担心他受到"妄人庸夫之说"的迷惑，在写完这封信后又增加了许多精辟论述，并大量引经据典，来提醒陶赞仲，"以助抉择"。其谆谆教导关爱之情，充满字里行间。

---

① 《与陶赞仲(二)》，《陆九渊集》卷十五，中华书局1980年版，第194页。

与章德茂(一)^①

【原文】

此月两拜手翰，如奉谈麈，慰浣之剧①！伯兄以老病不获进谒为恨②。重蒙致礼之勤，岂胜感戢③！小儿持之，获侍尊俎，所以待遇者皆过其分，尤切悚愧④。如闻属有手足之戚，谅深追悼，后时修慰不专，尚幸裁恕⑤。小儿颇能道余教万一，警策⑥多矣。

荆州逃卒视州郡为逆旅，周流自如，莫知禁戢⑦。平日若此，缓急安能防闲⑧？比方稍修其籍，革顶名之弊，图致请于大府，丐与邻郡为约，以绝逃逸之患⑨。适得公移，甚惬下意，即已行下巡尉义勇等，严其迹捕⑩。近有襄阳逃卒投募⑪在此，捕者寻至，即令擒去矣。敝邑自某入境，逃卒亦不少，有未获者，恐在府下⑫。径差人迹捕，或恐此辈群党，欲丐移文兵官、巡尉、义勇等，为之应援。尚蒙捕获，亦可惩后也。干冒⑬威尊，不胜惶恐！

【注释】

①手翰：书信，对别人亲笔书信的尊称。谈麈(zhǔ)：古人清谈时手中所执的麈尾。麈，鹿之大者，群鹿随之，视麈尾而转。后比喻清谈，也泛指闲居谈论。这里指读章德茂的信感到特别亲切，就像当面对谈一样。慰浣：安慰和满意。剧：很，甚。

---

① 本文原载《陆九渊集》卷十六(中华书局 1980 年版，第 203 页)，当写作于绍熙三年(1192 年)年初。章德茂，即章森，字德茂，绵竹(今属四川)人，时任江陵府兼荆湖北路安抚使司(简称"帅司")安抚使(简称"帅")。

②伯兄：指陆九渊的长兄陆九思。绍熙二年(1191年)九月，陆九思曾来荆门居住一月，未能有机会拜访章德茂。进谒：前去拜访。

③感戢(jí)：犹感激。感动并铭记在心。

④持之：陆九渊的长子陆持之，当时随其在荆门任上。侍：侍奉，服侍。尊俎(zǔ)：古代盛酒肉的器具。悚(sǒng)愧：恐惧惭愧。

⑤如：宜，应当。属(zhǔ)：属下；官属；部属。手足之戚：兄或弟去世。手足，指兄弟。此处指陆九渊的三兄陆九皋。陆九皋(1125—1192年)，字子昭，长陆九渊14岁，从小好学不倦，"日课经子文集，必成诵，夜阅史册，不尽帙不止"，"少力学，文行俱优。及长，补郡学子弟员，一试即居上游。预乡举，晚得官，终修职郎、监潭州南岳庙"。陆九皋率诸弟讲学，从游者多有闻。尝名其所居斋曰庸，学者因号"庸斋先生"。他是几个弟弟的启蒙老师，陆九渊学问尽得其精粹。卒年六十七。当时陆九渊正在荆门任上，未能奔丧。其后表其墓，称陆九皋持论根据经理，耻穿凿之习。修慰：表示问候。裁恕：减轻制裁，宽恕。

⑥警策：马受鞭策而驱动。比喻人受督教而警觉奋进。

⑦荆州：这里实指荆门。荆门军为古荆州的属地，故称。逆旅：迎客住宿之处，客舍。周流：循环流转，这里指时来时往。禁戢(jí)：禁止。

⑧缓急：危急之事，"缓"字无实意。防闲：即防范。防为堤坝，闲为兽栏。

⑨比方：近来正在。比，近日。方，正在。籍：名册，登记册。革：革除。图：制成图表。大府：这里指章德茂。当时江陵府在荆湖北路中是最重要的，故称。丐：请求。

⑩公移：公文的别称。下意：自己的心意。下，谦辞。巡尉：官名，负责巡逻治安。迹捕：跟踪追捕。

⑪投募：投奔，应募。

⑫府下：这里指江陵府。

⑬干冒：触犯，冒犯。

【译文】

这个月两次拜读您的亲笔信，如同当面交谈一样，我感到十分安慰和满意。长兄因为老病不能前去拜访您，总以此为恨。又承蒙您经常写信来问候，真是感激不尽永记于心啊。小儿陆持之，能够获得在您身边侍奉的机会，所获得的待遇都超过了应有的名分，尤其感到惭愧不已。您大概听说了我有兄长刚去世，请您体谅我深陷于悲戚之中，今后如有问候不周的地方，还请宽恕为幸。小儿持之颇能说出您众多教诲中的一部分，比以前大有进步了。

荆门军的逃兵把州郡当做旅馆，来来去去自由自在，不知有所禁止。太平之日还可以如此，遇到紧急之军事情况怎么能够防范？近日我军正在整理士兵的登记名册，革除冒名顶替的弊端，制成图表上报您的帅府，请求与相邻的州郡订立条约，来杜绝士兵逃跑之患。正巧收到公文，内容很符合我的心意，当即下发给巡尉、义勇等，对逃兵严厉循迹追捕。近来有襄阳的逃兵投奔到荆门，追捕的人循迹而米，就让他们把逃兵捉拿回去了。荆门军在我到来之时，逃兵也不少，还有未抓获的，恐怕躲藏在江陵地方。径直派人去寻找抓捕，恐怕这些人会结成群体(反抗)，想请您发公文给官兵、巡尉、义勇等，到时候给予援助。承蒙您的帮助而捕获到这些逃兵，也可以让后来的人引以为警戒。如有冒犯了您的威风与尊严，我不胜惶恐。

【导读】

章德茂，即章森，字德茂，绵竹（今属四川）人。孝宗淳熙十二年（1185 年），以大理少卿充贺金国生辰国信使，十四年，权吏部侍郎，十五年，知建康府。光宗绍熙二年（1191 年），改知江陵府，移知兴元府，卒于宁宗嘉泰四年（1204年）前。

章德茂时任江陵府兼荆湖北路安抚使司安抚使。按照宋朝制度，安抚使由本路最重要的州府长官兼任，兼管民政、司法和财政等，权力极大。章德茂当时是陆九渊的顶头上司。陆九渊在荆门任上，经常写信向他汇报工作，以求得上司支持。

章德茂对陆九渊也是非常尊重和器重，他让陆九渊的长子陆持之到自己身边工作，悉心教导；及时向朝廷报告陆九渊在荆门的政绩，并把陆九渊排在所举荐人才的第一名；对陆九渊在荆门的工作给予大力支持，同时也对其某些不足提出过善意的批评。当陆九渊病逝于任上后，章德茂当即写来祭文，对陆九渊予以高度评价。

这封信除开头谈家常之外，主要讨论如何解决"逃卒"问题。当时由于各种原因，"逃卒"现象屡禁不止。陆九渊到任以后，出于加强边防的考虑，决心大力整顿。在这封信中，陆九渊提出了一些措施：一是整理兵卒登记名册，做到名实相符，革除冒名顶替的弊端；二是相邻州县签订条约，共同治理"逃卒"之患；三是对逃卒严加缉捕，"信捕获之赏，重奔窜之刑"，以警戒后人；四是要打掉他们的"保护伞"。五是提高兵卒待遇，"又数阅射，中者受赏。役之后加庸直，无饥寒之忧"。经过陆九渊的一番整顿，荆门军逃卒极少，军威振奋，"他日兵官按阅，独荆门整习，他郡所无"。①

需要注意的是，南宋逃卒问题很复杂也很普遍，逃卒不一定就是坏人。

① 本段引文均见《年谱》，《陆九渊集》卷三十六，中华书局 1980 年版，第 510 页。

与章德茂(二)^①

【原文】

　　某备数属垒，倏阅半祀^①。名虽北鄙，寔带严城^②。光润所蒙，最为亲切。粗谨职守，未至瘝败，无非大府之赐^③。尺笺阙焉，不干记史^④。是犹陟嵩华而忘山，泳江湖而忘水，揆之常情，宜获罪戾^⑤。比得邸吏别报，乃知姓名首尘荐剡，所以奖借之辞宠甚，闻之惕然，弗称是惧^⑥。治古公道还于盛世，前辈典刑蔚乎斯在，敢不益励素志，勉竭驽朽，蕲无负斯言^⑦。世俗私谢之礼则不敢以累门下^⑧。伏冀高明，必垂洞察^⑨。职事所当控闻者，虽有公状，亦合更具禀札^⑩。虑勤听览，且恃照临之密迩^⑪，皆缺弗致。今受知^⑫之深乃如此，尤不容以言谢。

【注释】

　　①属垒：属下，部下。当时荆湖北路辖三府、九州、三军、五十六县，荆门军在其中。倏（shū）阅半祀：转眼间半年过去了。倏：迅疾。半祀，即半年，商代以年为祀，故称。

　　②鄙：边境，边邑。寔带严城：实际是连着大府的一个紧要城镇。寔（shí）：同"实"。确实；实在。带：连着；附带。

　　③亲切：亲近。粗：大略。谨：慎重，重视。瘝（guān）败：旷废衰败。

　　④尺笺（jiān）：书信。阙：过失，弊病。干：关，关涉。

　　⑤陟（zhì）：登。嵩华：嵩山和华山。揆（kuí）：揣度。罪戾：罪过。

---

　　①　本篇原载《陆九渊集》卷十六（中华书局1980年版，第204页），从开头"某备数属垒，倏阅半祀"来看，当写于绍熙三年（1192年）春末夏初。

⑥比：近日。邸吏：古代地方政府驻京城办事机构的官吏。首尘荐剡：第一个放在推荐的名单上。首，排在第一位。尘，这里是动词，如灰尘污染。荐：向皇上推荐人才。剡：本为浙江的剡溪，古代以产纸著称，古时公文多用剡溪纸抄写，故以"剡"代指公文。奖借：勉励推重。惕然：忧惧的样子。

⑦治古公道：古代治理社会的公正之道。典刑：典范。蔚：文采华美。素志：平素的志向。驽朽：驽马朽木，比喻才能低下，常用作谦辞。蕲（qí）：通"祈"，求。

⑧门下：对尊贵者的敬称，这里指章德茂。

⑨伏：敬辞。高明：崇高明睿的人。垂：敬辞，用于尊称别人的动作。洞察：明察，观察透彻。

⑩职事：旧时下级官员对上级官员的自称。控闻：告闻。公状：公文。合：应该。

⑪密迩：贴近，靠近。

⑫受知：受知遇之恩。

【译文】

我作为您的属下，转眼已经半年了。荆门军名义上是荆州北面的边境小城，实际是连着大府的一个重镇。有大府光辉和恩泽的覆盖，感到最为亲近。我大概能够谨慎忠于职守，没有让其旷废和衰败，无非是受了大府的恩赐。至于我书信中没有说到的地方，不影响历史的记载。这就像登过嵩山华山之后就忘了别的山，游过大江大湖之后就忘了别的水，按照常情来揣度，容易得到罪过。近日得到京城办事机构官员的特别报告，才知道自己的姓名排在向皇上推荐人才表章的第一名，其勉励推重的言辞对我宠爱有加，听到后我心怀不安，不敢说这是害怕。古代治理社会的公正之道重现当今盛世，前辈做出的典范鲜明地呈现在眼前，我怎敢不激励平生的志向，竭尽我本就不高的才能，以期不要辜负了推荐勉励我的那些言辞。至于世俗的私下表示感谢的礼物就不敢拖累您了。那些希冀崇高睿智的人，必然能够明察世事。我应当告闻的事情，即使有公文报告，也应该另外呈送禀报详情的文札。考虑事情时多听多看，况且有您靠近照顾指导，就不会造成错误。如今您的知遇之恩如此深切，尤其不容许我仅用言辞来感谢。

【导读】

陆九渊到任荆门后，宵衣旰食，励精图治，筑城墙，革弊政，重民生，简司法，在不长的时间内就取得了显著的政绩。时任荆南府帅章德茂因陆九渊治理荆门政绩显著，向朝廷上书推荐其才。本文是陆九渊得知此事后写给章森的感谢信。

在信中，除了对章森的推荐表示感谢，更多的是表达自己"闻之剔然"的心情和努力工作的决心，"敢不益励素志，勉竭驽朽，蕲无负斯言"。这里我们特别要注意的是，他的感谢是努力工作，以实现自己强国富民的理想，"世俗私谢之礼则不敢以累门下"，足见陆九渊清廉正直的品质。

与章德茂(三)^①

【原文】

奉十八日手诲,爱民闵雨之诚,尚贤戢奸之旨,可谓两尽而兼著,岂胜叹仰^①！公道之任,归门下久矣,非适今日。某区区之志,粗知所择,雷同苟合,窃亦所耻,同官相与,当何求哉^②？事惟其宜,理惟其当,议论设施,不必在己,相期相勉,大抵以此^③。平居论事,始有未合,各献其宜,侃然自竭,反复之久,是非已明,伏义如响,人得所欲,殆莫知初说焉谁主之也^④。仰视灭私之训,妄谓或庶几^⑤焉。

核实之命,不容不以情报^⑥。今兹旱势,可畏殊甚！襄鄂之间,沂汉之舟,鳞积滩底,旷旬淹月而不得进^⑦。汉上雨旸,可见于此矣^⑧。江流增减,大府具知之。濒淮并江诸郡属尝具禀,续加询访,举亡异辞^⑨。敝邑初六日致祷,虽未即得霈泽,坛遗之所,朝暮致敬,祠官未常不沾湿也。惟望日终日晴彻,四无纤云^⑩。既望^⑪之朝,率郡官迎致上泉,复冒雨而归。自是日及今,阴雨无旷日^⑫。境内独襄水西乡先得大雨。七日八日之夕,自城上望,雨色如黛,震霆为之达旦^⑬。十二三日间,襄水东乡如独山等处亦得大雨。至十七八间,沿江乡及与安乐东乡,往往得大雨矣。比日郡城乃始滂霈。南乡最旱处亦且得雨,雨意至今未息^⑭。当阳亦十七八以来雨始加大。

江东西^⑮田土,较之此间,相去甚远。江东西无旷土,此间旷土^⑯甚多。江东西田分早晚,早田者种占早禾,晚田种晚大禾。此间田不分早晚,但分水

---

① 本篇原载《陆九渊集》卷十六(中华书局 1980 年版,第 204~205 页),当写于绍熙三年(1192 年)夏,是陆九渊收到章森的来信后,所写的回信。

陆[17]。陆田者,只种麦豆麻粟,或莳蔬栽桑,不复种禾;水田乃种禾。此间陆田,若在江东西,十八九为早田矣。水田者,大率仰泉,在两山之间,谓之浴田,实谷字俗书从水。江东西谓之源田,潴水处曰堰,仰溪流者亦谓之浴,盖为多在低下,其港陂亦谓之堰[18]。江东西陂水,多及高平处。此间则不能,盖其为陂,不能如江东西之多且善也。惟南乡去山既远,且近江,高平之地多,又迩大府,居民差众,故多不仰泉石之田。此田最下,岁入甚多。白杨一乡,此田居十五以上。梨陂、柘陂等乡,不下十二。惟西北东乡分[19],则无此田矣。然所谓水田者,不善治堰,则并高处亦与平田相类矣。少者不十一,多者不十三,通之不过十二。

上泉距郡城几三十里。迎泉之日,迁视其田,计其龟坼者十一二,外此皆尚有水,然堰中已干,而不继,必大败,今得雨,可无害也[20]。惟白杨乡等处高平田全未种者,见施行令种晚谷及可助食者。今岁亦幸有湖北平时水浸有不可种禾者,民皆种禾。若复无水患,又得时雨,或者可补未种之田耳。

小儿归就试,经从大府,辄布此令进谒,窃惟轸忧斯民之深,所欲亟闻,故详及之,伏幸台察[21]。

【注释】

①手诲:亲笔信。诲,教导。闵:忧虑,担心。尚贤戢(jí)奸:推崇贤德,制止奸恶。戢:止息。叹仰:赞叹敬仰。

②雷同:随声附和。苟合:随意附和,曲意迎合。同官:即同僚,旧指同朝同官署做官的人。相与:彼此交往。

③宜:适宜,合适。当:正当。议论:讨论,商量。设施:筹划安排。

④平居:平时,平素。侃然:和乐的样子。

⑤庶几:差不多。

⑥核实:调查研究,核实情况。以情报:按照实情报告。

⑦沂汉之舟:沂,疑为"泝"字之误,泝,逆流而上,后作"溯"。旷旬淹月:累旬连月。旷,久历时日。淹,滞留。

⑧汉上:汉水沿岸。雨旸:下雨和天晴。

⑨濒:靠近。举亡异辞:都没有不同说法。举,全,皆。亡,通"无"。

⑩未常：即未尝，"常"通"尝"。望日：古人以每月的十五日为望。

⑪既望：已经过了望日，即十六日。

⑫旷日：间隔一天。

⑬黛：青黑色。达旦：到第二天早晨。

⑭怠：懈怠。

⑮江东西：南宋江南东路和江南西路的简称，相当于今江浙、江西一带。

⑯旷土：荒芜的土地，荒地。

⑰水陆：水田和陆田。

⑱潴（zhū）：水停聚。仰：依靠。陂（bēi）：积水的池塘。

⑲分：一半。

⑳迂：绕远，绕路。龟坼（chè）：龟裂。大败：大灾。

㉑小儿：指陆九渊长子陆持之。归：回家，这里指回到原籍江西。就试：参加科举考试。进谒：进见。轸忧：深深忧虑。台察：请您明察。台，对人的尊称，比如称上级为"宪台"，称朋友为"兄台"。

【译文】

奉读十八日的亲笔信，您爱护民众祈求雨水的真诚，推崇贤德、制裁奸恶的宗旨，可说是两者皆表达得详尽而明白，令人不胜赞叹和仰慕。奉命就任荆门军，做您的属下很久了，不是今天才开始。我的区区志向，大概知道有所选择，随声附和，曲意迎合，私下也以此为羞耻，同官署的官员彼此交往，还有什么额外所求的呢？事情只论是否适宜，道理只论是否得当，商量政事筹划安排，不必都出于自己，大家相互期待、相互勉励，大抵就是这样。平时讨论事情，开始有不同意见，大家各自献出自己认为适宜的办法，平和地说出自己的观点，经过几次反复讨论，是非已经分明，大家迅速按照决议行动，每人都得到了自己想要的结果，恐怕都不知道当初是谁最开始提出的了。追求实现祛除私心的古训，我轻率地认为这样做或许就相差不远了。

接到您核实灾情的指令，不容我不按实情报告。今年的干旱之势，让人特别感到害怕！襄阳至武昌一带，沿汉水而上的船只，像鱼鳞一样聚集在河滩底部，数旬连月不能行进。汉水沿岸的天气晴雨情况，从这里就可以看到了。长江水流的增减，您都详尽地知道了。靠近淮河和长江的各州郡曾经有详细的报告，后来进行询问访查，都没有不同的说法。荆门军初六向神灵求雨，虽然没有及时得到雨水，但祭坛所在之处，早晚向神灵致敬，主祭官常被露水沾湿衣裳。十五日整天天气晴朗，四望没有一丝云彩。十六日早晨，率领全署官员迎接上泉泉水，又冒雨回到军署。从这天到如今，阴雨没有持续数天的。荆门境内只有襄水边的西乡最先下了大雨。初七、初八的傍晚，从荆门城上远望，雨色如黛，雷声响了一整夜，直到第二天早晨。十二、十三日间，襄水边东乡如独山等地也下了大雨。到十七、十八日间，沿汉江的乡以及安乐东乡，处处都下大雨了。近几天荆门城才开始下雨，南乡最干旱的地方也都下了雨，雨意至今还没有停止的征兆。当阳也在十七、十八日以来雨水开始加大。

江南东西两路的田地，与这里相比较，有很大不同。江南东西两路没有荒地，这里荒地很多。江南东西两路的田地分早田和晚田，早田种占早禾，晚田种晚大禾。这里的田地不分早田和晚田，只分水田和旱田。旱田里只种麦、豆、麻、粟，有的种蔬菜栽桑树，不再种水稻；水田里只种水稻。这里的旱田，如果在江南东西两路，十有八九就是旱田了。这里的水田，大多数依靠泉水，在两山之间，就叫作浴田，其实是"谷"字，习惯写法加了一个"三点水"边。江南东西两路叫作源田，储水的地方叫作堰，依靠溪流的地方也叫做"浴"，大概是多在低下处，那河港的蓄水潭也叫做堰。江南东西两路池塘里的水，大多能流到高平的田地。这里却不能，作为蓄水的堰塘，不能像江南东西两路那样又多又好。只有荆门南乡已经远离山区，而且靠近长江，高平的田地很多，又紧靠荆州大府，居民的工作有很多，所以大多不必依靠泉水灌溉的田地。这种田最低洼，每年收入很多。白杨全乡，这种田有十分之五以上。梨陂、柘陂等乡，不少于十分之二。只有荆门西北的东乡一带，就没有这种田了。然而所说的水田，如果不善于修整堰塘，就算高处也和一般的田相似了。少的不到十分之一，多的不到十分之三，平均不过十分之二。

上泉距离荆门城差不多三十里。迎接上泉水那天，绕路察看那里的田地，估计因干旱裂口的有十分之一二，此外都还有水，然而堰塘都已经干涸，如果再不下雨，必然会有大灾，如今已经下了雨，大约不会成灾了。只有白杨乡等地高平田完全没有耕种的，打算让他们种晚谷以及可以食用的其他作物。今年也有幸湖北平时因为水浸而不能种稻谷的地方，民众都种上了稻谷。如果不再发生水患，又得到及时的降雨，或许可以补足没有耕种田地的缺口。

小儿陆持之返回江西原籍参加科举考试，要从江陵大府路过，就写了这些让他拜见您(转交)，我自认为您为老百姓深深担忧，一定想尽快听到报告，所以详细地说到这里的情况，请您明察。

【导读】

本篇是陆九渊写给章森的回信。章森来信的内容，从"爱民闵雨之诚，尚贤戢奸之旨，可谓两尽而兼著"一句可以大略推知：一是关于旱情核查及抗旱问题，二是关于任贤惩奸、建设好"班子"的问题。陆九渊在信中对这两点作了回应和汇报。

陆九渊认为，同僚在一起工作，应当各尽所能，互相配合，不应该怀有私心；讨论事情，谁有理就听谁的，不应该搞"一言堂"。"同官相与，当何求哉？事惟其宜，理惟其当，议论设施，不必在己，相期相勉，大抵以此。"陆九渊的这种工作作风，值得我们发扬光大。

对于当时荆门旱灾的情况，陆九渊作了详细汇报，主要有两个方面内容。

一是抗旱情况。对于当年旱情，陆九渊用了"今兹旱势，可畏殊甚"八个字，可见旱情严重。囿于当时人们的认识，陆九渊的抗旱方法就是一条——祷雨，虽然也下了雨，无非是巧合而已。以我们今天的角度来看，"祷雨"抗旱，殊为可笑。但从前面的《荆门祷雨文》可知，陆九渊为了求得雨水解除旱情，其告之勤、其心之诚，颇令人动容。

二是汇报旱灾之后的补救措施，即"见施行令种晚谷及可助食者"，通过补种来减轻灾害损失。值得注意的是，陆九渊在这里将荆门的田地情况与他的家乡"江东西"进行了多方面比较，认为两地"相去甚远"。且不论陆九渊的比较得出的结论是否正确，单就他的深入实际、注重调查研究的工作作风，就值得我们敬佩和学习。"只有荆门南乡已经远离山区，而且靠近长江，高平的田地很多，又紧靠荆州大府，居民的工作有很多，所以大多不必依靠泉水灌溉的田地。这种田最低洼，每年收入很多。白杨全乡，这种田有十分之五以上。梨陂、柘陂等乡，不少于十分之二。只有荆门西北的东乡一带，就没有这种田了。然而所说的水田，如果不善于修整堰塘，就算高处也和一般的田相似了。少的不到十分之一，多的不到十分之三，平均不过十分之二。"看看这些详实的数据，一个坐在衙门里四体不勤、五谷不分的"老爷"又怎么能知道呢?

与章德茂(四)①

【原文】

　　属奉手诲，益深佩服，小子持之，再望道德之光，蒙接遇之宠，为幸厚矣①。家问中备述余教，尤深感激②。

　　传闻民有姓易者，为乏食户③，强以钱取去仓粟。或云在长林境中，及物色④之，乃无此事。又云在当阳境内，方此询究，尚未报也。俟得其实，续当布闻。

　　比来雨泽无不沾足，但次第⑤有过多之患。十三日偶天阴，与金判、教授、知县，人以一马数卒，行视田间，苗甚秀发，水皆盈溢，向曾龟坼者，今得水茂畅，过于不缺水者⑥。高坡未插秧者，今插已过半。秧田甚多，尚往往成群插秧。问何以能备此秧，则曰年例如此。若其不修陂池，不事耘耨，则皆枯死⑦。此地惰习⑧，未易空言劝之。今冬欲措置革此习，又未知果能革否？陆地耕种粟豆者，却多中稔，为有余矣⑨。前书所调湖田者，虽未及物色，势不能不病水耳⑩。襄阳唯南漳、宜城间得雨，外此皆久无雨。是间舟泊襄水滩下者，初七、八间得信，犹言水涩不能前进。初七日有微雨，不成水⑪。十二、三间自北来者，却云襄阳得雨成水，但未通洽，未知此后如何？

　　久传北界旱甚，河之南北至相食，初未敢信。今东自承楚，西自均房来者，其言若一，恐或有是⑫。窃惟长者爱民之心，追配禹、稷，无间于远迩内外⑬。独恨华夷首足之分，未克大正，皇朝德施仁风，独有限隔⑭。君子之忧，未容遽

---

　　① 本篇原载《陆九渊集》卷十六(中华书局 1980 年版，第 205～207 页)，从文中所说秧苗尚未插完、粟豆半熟推断，当写于绍熙三年(1192 年)夏六月。

释。旦晚召还两地，以究设施，则乐民之乐为有日矣⑮。

春间赵路分良弼来阅禁旅，介然如古节士⑯。寻有孟正将通、成统领和，因事相继过此⑰。适值同官习射，卒然延至其间，以观其技⑱。驰射精熟，议论慷慨，异时所见武弁，不多其比⑲。陶冶下风者，人材如此，推而广之，何事不可为哉⑳？

长林汪宰，初甚不堪奸民之讼，既见某薄治其吏，亦不能无疑。因晓以吾人无他，于此辈行法以防微，不得不尔，即遂释然㉑。奸民肆其欺罔，以快私忿，真大蠹也㉒。长林具析申状，皆是事实。并用备申，伏幸过目。

昨日得公移，闻二县以酒折铺兵粮㉓。长林断无此矣。长林铺兵，皆在军仓请米，军库请钱，皆是一色白米好钱，未尝有折支㉔也。当阳方此询之。然以理揆之，沈宰处事极有理，不至如所闻㉕。或恐有疑似，又当有曲折，须其报即具申也。

近日以所获劫盗中，有二人是攫客㉖，稍以榜约束之。兼闻此辈群党，扰寺观与乡村民户颇甚，故不得不裁之，亦不敢以禀闻也。

西蜀之饥，淮、浙之蝗，皆令人不能置怀㉗。处州豪民为盗，尤可怜也㉘！此土虽雨泽粗足，尚用懔懔㉙。日俟教诲，以免罪戾㉚，伏幸终惠！

【注释】

①属(zhǔ)：指官属；部属；属下。望道德之光：望见道德的光辉，意思是受到章德茂的教诲，这是客套的话。接遇：接待。

②家问：回家后和家人的谈话。备述：详尽叙述。余教：很多的教诲。

③乏食户：缺少粮食的人家。

④物色：访求，搜寻。

⑤次第：转眼间，顷刻。

⑥偶：恰巧。佥(qiān)判：签书判官厅公事的简称。为宋代各州幕职，协助州长官处理政务及文书案牍。平时是州府的副长官，战时则专任钱粮之责。这里指荆门军佥判洪伋。教授：古代设置的地方官学中的学官。秀发：语出《诗经·大雅·生民》："实发实秀。"后用"秀发"比喻人神采焕发，才华出众。这里形容禾苗生长茂盛。向：以往，原来。

⑦陂池：池塘。耘耨(nòu)：耘、耨都是除草的意思，这里泛指田间管理。

⑧惰习：懒惰的习俗。

⑨陆地：旱田。中稔：谷物半熟。稔，谷物成熟。

⑩前书所谓湖田者：指《与章德茂(三)》中说到的"平时水浸有不可种禾者，民皆种禾"情况。病水：遭到水患。

⑪不成水：即俗语所说的"不动流"，地面没有形成流动的雨水。

⑫相食：指人吃人。承楚：地名，指今鄂东黄冈一带。均房：地名，均州和房县，今鄂西北丹江口市、房县一带。

⑬追配：赶得上，比得上。禹：即大禹，古代治水英雄。稷：即后稷，古代劝农稼穑的始祖。无间：没有界限，无区别。

⑭华夷：被金人占据的中原地区。华，我国中原地区古称华夏，简称"华"。夷，泛指四方的少数民族，这里指金人。未克大正：没有完成收复失地、统一国家的大任。克：成功，完成。

⑮旦晚：早晚。究：遍，遍及。设施：布施。乐民之乐：以人民的快乐为快乐。有日：有期，不久。

⑯赵路分良弼：赵良弼，官任路分都监，掌管一路的屯戍、边防、训练等。禁旅：禁军，皇帝的亲兵。这里当指国家正规军。介然：耿介高洁的样子。节士：有节操的人。

⑰寻：随后，不久。孟正将通：正将孟通。正将，武官名，宋神宗时设"将"的军队编制，一"将"兵力数千人至一万余人不等，统兵官一般有正将、副将各一人。成统领和：统领成和。统领，武官名，南宋驻屯大军的各军、各部的统兵官有统制、同统制、副统制、统领、同统领、副统领等名目。

⑱适值：正赶上。率然：轻率的样子。延：邀请。

⑲慷慨：情绪激昂、奋发。异时：从前。武弁：习武的人。

⑳陶冶：培育，造就。下风：比喻处于下位。

㉑行法：执行法纪。尔：如此，这样。释然：疑虑消除的样子。

㉒肆：放纵，恣意而为。欺罔：欺骗蒙蔽。大蠹：大蛀虫。

㉓以酒折铺兵粮：用酒折合现金，抵扣铺兵的军粮数。铺兵，指古时巡逻及递送公文的兵卒。

㉔折支：折合支付。

㉕揆：度量，测度。沈宰：指当阳县沈县令。

㉖攫客：抢劫犯。

㉗置怀：犹释怀，（爱憎、悲喜、思念等感情）在心中消除（多用于否定式）。置，释放。

㉘处州：地名，今浙江省丽水、青田一带。豪民：大富豪，有钱有势的人。

㉙懔懔：危惧的样子。

㉚罪戾：犯罪过。

【译文】

属下奉读您的亲笔信，更加深了对您的佩服之情。小儿陆持之，能再次得到您的教诲，承蒙您给予优厚的接待，这种幸运真是太大了。他回到老家后，详细地叙说了您给他的很多教诲，尤其深表感激。

传说乡民中有一个姓易的，是一个缺粮户，强行用钱去仓库买走粮食。有人说这事发生在长林县，等到调查访问后得知，长林县并无此事。又说发生在当阳县，正在就此事询问追究，还没有得到回报。等到查知实情，再向您报告。

近来雨水每次都下得很大，只是转眼间就有雨水过多的隐患。十三日正好天阴，与佥判、教授、知县等人，每人骑马带着几个随从，到田间察看苗情，只见禾苗长势旺盛，水也很充足，以前曾经因干旱而地面裂口的田地，如今得到了水，也长势茂盛，甚至超过了以前不缺水的田。高坡田以前没有插秧的，如今已插了过半。秧田有很多，乡民还往往成群结队地插秧。问他们因何能准备这么多秧，说是往年的惯例就是如此。如果他们不修建池塘，不做好田间管理，禾苗就都要枯死。这里的懒惰习俗，不易凭几句空话就可以劝他们改变。今年冬季打算想办法革除这些陋习，又不知是否果真能革除掉？旱田里播种的粟、豆等作物，大多已经半熟，收成也会不错。以前在书信中说到的在没有被水淹没的地方种植的水稻，虽然来不及去察看，但看如今情势，不能不担心遭遇水患啊！襄阳府只有南漳、宜城之间下了雨，此外都很久没有下雨了。这里的船只停泊在襄水的河滩里，初七、八日得到消息，还说水路不畅不能前行。初七那天有小雨，地面没有动流。十二、十三日间有从北边回来的人，却说襄阳下雨地面动流了，只是没有遍及各地，不知此后情形如何？

早就听到北边地界干旱严重、黄河南北两岸竟至于人吃人的传闻，当初不敢相信。如今从东边承楚、西边房县均县来的人，说法都是相同的，或许真有这种事情。我以为德高望重的人，其爱民之心，赶得上大禹和后稷，对于远近、内外都没有区别。唯独遗憾的是被金人占据的中原地区与我们分离，没有收复失地完成统一，大宋朝所施行的德政和仁政，被阻隔不能惠及那里。仁人君子的忧虑，还不能很快消除。早晚有一天会收复失地，并施行仁德之政，那么与民同乐的情景就会不远了。

今年春季，路分都监赵良弼来视察军队，其耿介高洁就像古时的节士。随后正将孟通、统领成和，因为公事相继经过这里。正赶上同僚们在练习射箭，就贸然邀请他们到射箭场，想看看他们的射箭技艺。只见骑马射箭技术十分熟练，谈论也是慷慨激昂，从前见到的习武之人，能与他们相比的不多。作为培育和训练后辈的官员，能有如此才能，推而广之，什么事不能做成功呢？

长林县的汪县令，当初很不能忍受奸民的诉讼，又见我略微惩治他的下属官吏，也不能不产生疑虑。于是告诉他我没有别的意思，对这些人执行法纪是为了防微杜渐，不得不这样，其疑虑也就消除了。奸民放肆地欺骗蒙蔽官府，以泄私愤，真是大害虫啊。长林县令详细分析报告的情况，都是事实。一并放在报告里，期望您能过目。

昨天接到公文，听说长林、当阳二县用酒折合现金抵扣铺兵的钱粮。长林县绝对没有这种事。长林县的铺兵，都是在军仓领米、在军库领钱，都是一色的白米和好钱，不曾有折合支付的情形。当阳县情况正在询问调查。然而按道理来揣测，沈县令办事极有理性，不至于如传闻那样。或许有疑似情形，或许其中有其他曲折情节，须等他报告后，立即向您详细说明。

近几天因为抓获的强盗中，有二人是抢劫犯，于是张贴榜文约束这些人。同时听说这类人结成团伙，骚扰寺庙道观和乡村民户很厉害，所以不得不制裁他们，也不敢把这些事告诉给您。

西蜀闹饥荒，淮浙闹蝗灾，都令人难以释怀。处州的大富豪都成了强盗，尤其可怜啊！荆门地区虽然雨水基本满足需求，但还是让人担心不已。每天等着听到您的教诲，以免犯下过错，希望始终得到您的恩惠。

【导读】

这封信所述内容较多，在接连收到章森的书信后，陆九渊写此信作答，汇报近期的工作和荆门的实际情况，所以内容显得有些繁杂，但都与荆门的政务和民生民情有关。

在经历冬春连旱之后，荆门地区连着下了几场大雨，旱情解除了。田间禾苗长势旺盛，粟豆已经半熟，以前高处缺水的田块也已经插秧过半，看起来形势喜人。陆九渊还有什么操心的吗？当然有。一是思谋改变当地民众"不修陂池"的惰习，这是为人民的长期利益着想；二是为北方被金人占领地区的人民担忧，"久传北界旱甚，河之南北至相食"，人民生活在水深火热之中，但因为"华夷首足之分，未克大正"，享受不到朝廷的德政，"君子之忧，未容遽释"。同时，"西蜀之饥，淮、浙之蝗，皆令人不能置怀"。陆九渊身在荆门小城，却胸怀天下，其对民生的牵挂难能可贵。

在这篇书信中，我们再次看到陆九渊深入基层、注重调查研究的工作作风。他以知军的身份，"与金判、教授、知县，人以一马数卒，行视田间"，察看苗情，访问民情。对上司信中提到的问题，也是多方调查，反复核实，然后上报，务求准确无误。可以说，陆九渊在荆门能够取得有口皆碑的政绩，与他的工作作风有着紧密的关系。

与章德茂(五)^①

【原文】

　　稍疏记室^①之询，徒积倾仰。今岁之旱，诸乡皆有少损，而南乡颇甚。初拟濒江湖下乡常岁^②所不种者，今岁可种，谓可以补。近两月间，江、汉之流，无雨而涨溢者凡三，所种之田，与蔬茄麻粟，皆为乌有^③。同官赴试与被檄而出者，皆亲目其事，归言其状，为之怛然^④！比已分委同官，四出检视，前数日方归，所得尤详。旱涝之余，米谷自少，而诸处籴米之舟，皆鳞次岸下，如都统司至使人于乡村拦截载负米者^⑤。本军今岁以民艰食，逐时发常平以赈之，所籴几二千石，见桩籴过常平钱二千缗^⑥。仓台公移踵至^⑦，催以此钱趁时籴米，以备来年赈济。虽分差人于熟乡^⑧收籴，而来籴者绝少。比数日以来，米不出市，民复艰食，见出常平赈籴。

　　近来屡谋出赏榜，禁米舟下河，而吏辈辄以恐有遏籴之嫌为言，初以其有理，亦与同官熟论^⑨而从之。近日事势尤逼。又见鄂州^⑩以百千之赏，禁米舟下河。此间新发举人亲戚之家犯其禁，用朱漕之言免其罪，竟纳赏钱^⑪。试以问吏，吏复为遏籴之说^⑫。昨日同官相聚，复有议泄米之禁^⑬，因评吏言果出于公乎？抑^⑭有私意乎？同官皆谓此辈必有亲故厚善之人商贩米者，故以此为地耳，岂有公心哉？疑未决间，忽被使台公牒^⑮。深怪事未施行，已蒙止绝，殆所谓止邪于未形，绝恶于未萌。虽然，此事乃如吏辈之意，敝邑元无是事，不知谁敢致此说于大府，疑必有交斗其间者，有不可不察也^⑯。

---

① 本篇原载《陆九渊集》卷十六(中华书局 1980 年版，第 207~209 页)，从这封书信中讨论的问题来看，当写于绍熙三年(1192 年)初秋、新米上市之际。

某平时不能饰说⑰，况在门下，尤不敢不用其情。向来襄阳遏米价，米舟至者，皆困不能前。然卒以赂津吏，有夜窃过者⑱。常谓法禁往往不足恃。比年场务⑲益艰，商旅多行私路，私路旧微小，少所知者，今皆坦途通行。比境连年不熟，今岁尤甚。近闻米过唐邓间，多不以舟⑳。小民趋目前之急，不暇为后日计，况肯为乡曲计、为州县计乎㉑？使米粟有余，无禁其泄可也。今方甚不足，以坐视其泄，恐亦未宜。敝邑偏小，今岁才数旬不雨，市辄无米。乡民素无盖藏，同官出入村坞者，皆谓未尝见囷仓，人家多茅茨，其室庐不能深奥，大率可窥㉒。其有者，乃儋石之储耳㉓。风俗所自来非一日，今日不为之计，后将益弊。今所谓泄米，非泄于南之患，泄于北之患也。己若有余，或能粗给，则推以与人，乃所愿也。此方有旦暮之忧，而不为后日计者，方累累举所恃以泄、恐不容坐视㉔。薄遽亟此布禀，丐察言者之奸，续容商议所以处之之宜㉕。别当具禀，伏幸台察。

【注释】

①记室：官名，军府记室，掌书写笺奏，相当于现在的秘书。

②常岁：寻常年份。

③乌有：汉司马相如《天子游猎赋》中有乌有先生，乌有即何有，后因此谓无有为乌有。

④被檄而出：接到命令而外出办事。檄，官府的文书。怛（dá）然：忧伤的样子。

⑤籴（dí）米：买米。都统司：即御营门司，其长官为都统制，为屯驻大军的统兵官，统帅诸军，故称都统司。

⑥常平：即常平仓，国家为调节粮价、备荒赈恤而设置的粮仓。粜（tiào）：卖出粮食。桩粜：坐地卖粮。缗：古代货币单位，一千文钱为一缗。

⑦仓台：掌管粮仓的官署。踵至：接踵而至。

⑧熟乡：谷物收成好的地方。

⑨熟论：反复讨论。

⑩郢州：地名，今湖北省钟祥市。

⑪新发举人：新科中举的举人。朱漕：人名，漕司的朱姓官员。

⑫复为遏籴之说：用"遏籴之说"作为回复。

⑬泄米之禁：关于泄米的禁令，即不准将米卖给北方的金国。

⑭抑：表示选择，或者，还是。

⑮被：接到。公牒：公文。

⑯虽然：虽然这样，但是……。元：原来，本来。

⑰饰说：粉饰的话。

⑱卒：终于。津吏：管理渡口的小吏。窃过：偷偷渡过。

⑲场务：市场的税收。

⑳唐邓：地名，今河南唐河县、邓州市一带，当时是金人占领区。

㉑趋：追求。不暇：没有空闲。乡曲：偏僻的地方，引申指乡里。

㉒盖藏：遮盖和收藏的东西。囷（qūn）仓：谷仓。囷，圆形谷仓。茅茨：茅草屋。茨，用芦苇、茅草盖的屋顶。

㉓儋石（dān dàn）：形容数量很少。儋，古"担（dān）"字。石，古代计量单位，十斗为一石，或一百二十斤为一石。《通雅·算数》："《汉书》一石为石，再石为儋。"

㉔旦暮之忧：早晚之忧，这里指对金国南下的担忧。累累：屡屡，多次。

㉕薄遽：急迫。丐：请求。

【译文】

　　略微疏忽了记室询问的一些情况，只留下仰慕之情。今年的旱灾，各乡都有少许损失，而南乡损失比较大。当初打算在濒临江湖的低洼处、平常年景不能种地的地方，今年也种上稻谷，以为可以用来补助旱灾的损失。近两个月间，长江、汉水等河流，没有下雨而涨水的情况共有三次，江河边所种的稻田，以及蔬、茄、麻、粟等作物，全都化为乌有。同僚中去参加科举考试和接到命令外出办事的人，都亲眼见到了这些事，回来说到当时的情况，我为之忧伤不已。近来已分别委派了衙署的官员，四出各乡检查巡视，前几天才回来，得到的情况尤为详细。经过旱灾和涝灾后，米谷自然减少了，而各处前来买米的船，都鱼鳞似的停泊在岸下，以至于都统司派人在乡村拦截装载背负米谷的人。本军因为今年民众吃饭艰难，按时打开常平仓进行赈济，卖出的米接近两千石，现在卖米得到的常平仓钱超过两千缗。仓台接连发来公文，催促用这些钱趁时买米，以准备来年赈济之用。虽然分别派人到米谷已成熟的乡村收购，但来卖米的人非常少。最近几天以来，市场上没有米卖，民众又出现吃饭困难的情形，只好再打开常平仓卖米赈济。

近来屡次谋划要出悬赏榜，禁止装米的船下河，而主管这事的官员就以这样做恐怕有阻碍买米的嫌疑作为说辞（加以反对），当初以为他们有些道理，也与同僚反复讨论后听从了他们的意见。近日事情的态势尤其逼人。又看到郢州悬赏巨款，禁止装米的船只下河。这里有新科举人的亲戚家违犯了禁令，采用朱漕的意见免了他的罪，竟然只交纳了悬赏的钱。试着以此询问主管者，主管者又用"遏籴之说"作回复。昨天同僚相聚，再次议论到不准将米卖给北方金国的禁令，于是评议主管者的言论果然是处于公心吗？还是杂有私心呢？同僚们都说这人一定有亲朋故友等关系亲密的人是贩米的商人，所以用"遏籴之说"作借口罢了，哪里会出于公心呢？正在大家怀疑不决时，忽然接到使台的公文。大家深深奇怪于事情还未施行，就已经被禁止杜绝，大概就是常说的制止邪气于未成形之时、杜绝罪恶在未萌发之处。虽然这样，这件事还是遂了主管者的心意，荆门军本来没有这事，不知谁竟将此说告诉给大府，怀疑一定有在这中间交相互斗的人，有不可不明察的情况。

我平时不爱说粉饰的话，况且是在您的属下，尤其不敢不用真情。从前襄阳遏制米价，运米的船到了那里，都被困不能前行。但最终因贿赂管理渡口的官员，有的在半夜偷偷过去了。经常说法律的禁止往往不足以依仗。近年市场的税收更加艰难，商人大多从私路通行，原来私路狭窄隐秘，知道的人很少，如今都成通行的坦途了。靠近边境的地方谷物连年歉收，近年尤其厉害。近来听说大米经过唐河、邓州之间，大多不用船只运载。老百姓追求救眼前之急，没有空闲为日后打算，何况肯为乡里打算、为州县打算吗？假如谷米有多余的，不禁止外泄金国也可。如今自己用都感到严重不足，却坐视外泄金国，恐怕也不适宜。荆门军偏僻又不大，今年才几旬不下雨，市面上就没有米卖了。乡民平时都没有储藏，同僚们出入村庄，都说不曾看见粮仓，乡里人家多是茅草屋，厅堂都不很深奥，大多数可以看见。那些有储藏的，也才储藏一两石粮食罢了。这种风俗形成也不只一天，今天不为他们打算，日后将更显弊病。如今所谓谷米外泄，不是担心泄于南方，而是担心泄于北方啊。自己如果有富余的，或者基本满足供给，那么将米卖给别人，也是愿意做的。（如今）本地有金人早晚入侵之忧，而不为日后打算，还屡屡举出所凭借的理由让大米外泄，恐怕不容坐视不管。急迫地向您报告这些情况，请您明察说这些话的人的奸心，后续再商议处理这件事的合适方法。另有情况一定向您报告，希望您明察。

【导读】

陆九渊到任荆门军次年，春季遭遇旱灾，导致"诸乡皆有少损，而南乡颇甚"。当初为了减轻灾害损失，陆九渊发动民众在平时不耕种的水边河畔种上庄稼，以期有所弥补。哪知天不遂人愿，夏季以后，江河"无雨而涨溢者凡三，所种之田，与蔬茄麻粟，皆为乌有"（应该是上游暴雨所致）。得知此种情形，陆九渊"为之怛然"，其沉痛心情，溢于言表。

为了缓解民生艰困，度过灾荒，陆九渊想了很多办法：第一，开放常平仓赈济，容许民众买米度日；第二，根据上级指示，将卖米所得的钱用来收购新米，为今后赈济做准备；第三，采取措施禁止米谷外流。

关于禁止"米舟下河"，信中作了详细的讨论。对于这个问题，人们的认识是不一致的。"吏辈"认为不能禁止，因为有"遏籴之嫌"，陆九渊开始对此持赞成态度；而后来根据实际情况，陆九渊认为应该予以严禁，其理由有三：其一是以舟贩米者多为有权势的商贾豪绅，往往官商勾结，犯禁而不受惩罚；其二是米贩只顾眼前利益，不会为日后计，更不会为乡曲、州县计；其三是"今所谓泄米，非泄于南之患，泄于北之患也"。也就是说米谷被贩卖到北方金人占领的地方，这实际上等于"资敌"，当然"不容坐视不管"。总之，陆九渊主张禁止米舟下河，一是为百姓生计着想，灾荒再现时不至于饿肚子；二是为国家利益着想，不以资源"资敌"，丝毫没有个人的私心杂念。

赠刘季蒙①

【原文】

明德①在我，何必他求？方士禅伯，真为大祟②。无世俗之陷溺，无二祟之迷惑，所谓无偏无党，王道荡荡，浩然宇宙之间，其乐孰可量也③？

壬子月日，蒙泉守陆某书赠刘季蒙④。

【注释】

①明德：彰显美德。语出《大学》："大学之道，在明明德，在亲民，在止于至善。"

②方士：方术之士，古代自称能求仙炼丹使人长生不老的人，如秦始皇时"入海求仙"的徐福、汉文帝时"望气取鼎"的新垣平等。禅伯：禅宗教徒。禅宗是佛教派别之一，他们专修"禅定"（安静而止息杂虑的修炼），认为静坐敛心，专注一境，久之可达到身心轻松、观照明净的境界。大祟：大祸害。

③陷溺：使沉迷堕落。二祟：指上文所说方士、禅伯。无偏无党，王道荡荡：语出《尚书·洪范》，意思是不偏颇不袒护，王的道路就能平坦广大。偏，不公正，偏颇。党，偏私。王道：儒家所提倡的以仁义治天下的政治主张，与"霸道"相对。荡荡：广大。浩然：广大、开阔的样子。

④壬子：壬子年，这里指宋光宗绍熙三年（1192年）。蒙泉守：即荆门知军。

---

① 本文原载《陆九渊集》卷二十（中华书局1980年版，第251页）。据《陆九渊集》卷三十六《年谱》记载："赠刘季蒙。与伯兄致政书。冬十二月六日，与侄麟之书"，当写于绍熙三年（1192年）秋冬。刘季蒙，生平事迹不详。

蒙泉，泉水名，在荆门城西山麓，这里指代荆门。守，太守。宋时对知州、知府、知军的习惯称呼。

【译文】

彰显美德在于自己，何必向其他的地方去求取？方士和禅伯，才真是两大祸害。没有世俗的沉迷堕落，没有两大祸害的迷惑，所谓不偏颇不袒护，王道就能遍行于天下，（如此一来）广阔的宇宙之间，那种快乐谁又能估量呢？

壬子年某月某日，荆门知军陆某书写并赠予刘季蒙。

【导读】

根据《陆九渊集·年谱》"秋七月，荐属县二宰，并自劾状。……赠刘季蒙"的记载，该文应该写于绍熙三年（1192年）秋冬时节。这年秋，刘季蒙前往荆门拜访陆九渊，离别时，陆九渊写下这篇言简意赅的赠言送别。

赠言开宗明义地提出"明德在我，何必他求"，这是陆九渊心学理论的基本观点之一。陆九渊说："本心非外铄。"[1]"此天之所以予我者，非由外铄我也。"[2]人的善良美德是上天所赋予的，是与生俱来的，无需他求。但人的本心可能受到陷溺和迷惑，从而走上邪路，所以陆九渊告诫刘季蒙：方士和禅伯就是两大祸害，要警惕世俗的陷溺和"二崇"的迷惑，时时持守自己的本心，才能"王道荡荡"，其乐无穷。在这里，陆九渊批评了两种错误倾向：一是"世俗的陷溺"，比如追求功名利禄，义利不辨，在陆九渊看来都是堕落于世俗。二是搞方术或禅定，使人迷惑、脱离现实。这与他的一贯主张是一致的。

这篇赠言虽短，却表达了心学的两大基本观点：一是"心即理"，二是"发明本心"。

---

① 《与诸葛诚之（二）》，《陆九渊集》卷四，中华书局1980年版，第51页。
② 《与邵叔谊》，《陆九渊集》卷一，中华书局1980年版，第1页。

与张监(一)①

【原文】

某效职如昨，皆依大庇①。子城十丁岁前毕事，包砌东北 隅犹未周浃，见砖已尽②。向蒙台旨，令自致买名银之请，今方图之，俟得消息，当逐一禀闻也③。通庙堂朝士书，更望一言之赐④。此事之就，可壮边城之势。常平仓库如在枕上矣，计必蒙垂念也⑤。

去冬少雨，此间幸得雪颇大。麦今甚秀⑥。正月尾又得薄雪。比来殊未有雨意，园蔬甚渴，高田亦需水而耕，不无可虑者。去冬得家书，谓江东西秋获稻皆虚耗，民多流移⑦。此间却无是患，目今皆熙熙⑧。但和籴⑨与租米亦皆不如常岁，以此知米谷不能无耗折，但人不觉耳。商税榷酤，皆亏于往时⑩，稍询旁郡，往往皆如此。

凡事自十数年来，细校⑪之，大抵益难。《易》曰："穷则变，变则通，通则久"，是以"自天佑之，吉无不利"⑫。所谓变而通之者，必有其道。断愿承教，不敢为累牍之礼以溷记史，当蒙亮恕⑬。

【注释】

①效职：效力于职责。大庇：极大的照顾。

②子城：大城所附属的小城，这里指荆门城墙。包砌：在土墙两边砌砖，将土墙包裹。周浃：周遍，遍及。见：同"现"。

---

① 本篇原载《陆九渊集》卷十七(中华书局1980年版，第213页)，从文中"正月尾又得薄雪"，"高田亦需水而耕"等内容看，当写于绍熙三年(1192年)二三月间。张监，时任荆湖北路漕司主官的张姓官员，生平事迹不详。

③台旨：尊称上级的指示。买名银：即坊场买名银。南宋市场交易者，必须"投行"，交纳买名钱，才可参与交易。买名钱要交纳给地方管理部门，成为财政收入的一部分。俟：等到。

④通庙堂朝士书：即陆九渊所写的《与庙堂乞筑城札子》。庙堂朝士，专指丞相。

⑤常平仓库：国家为平抑粮价、备荒赈恤而建的粮仓。如在枕上：形容很安稳，没有危险。垂念：敬辞，称对方(多指长辈或上级)对自己的关心挂念。

⑥秀：草木茂盛。

⑦江东西：南宋江南东路、江南西路的简称。虚耗：白白地损耗。

⑧熙熙：人多杂乱的样子。

⑨和籴：南宋为供养常备军而征购粮草，通称为"和籴"。

⑩商税：商业税收。榷酤：边境贸易和酒类专营的收入。亏：欠缺，不足。

⑪校：考核，考证。

⑫《易》：即《周易》。以下两句皆引自《周易·系辞下》。穷则变，变则通，通则久：穷极则变化，变化则能通达，能通达则能恒久。自天佑之，吉无不利：有如天助一般，当然吉祥而无不利了。

⑬断：决然，绝对。承教：接受教诲。累牍：文辞冗长。溷(hùn)：同"混"，混淆。亮恕：书信敬辞，希望对方谅解。

【译文】

我能像往常一样履行自己的职责，都是靠着您的极大照顾。荆门城墙的土方工程年前完成，包砌工程还有东北一角没有完工，现在包砌城墙的砖已经用尽。以前接到您的指示，令我自己实施用买名钱筑城的请示，如今正在谋划这事，等到有了确切消息，当逐一报告给您。呈送朝廷丞相的札子，更希望得到您的修改意见。筑城这事成功了，能够壮大边城的威势。常平仓库就会更加安全稳固，想必一定会得到您的关心挂念。

去年冬天雨水少，这里有幸下了大雪。麦苗现在长势旺盛。正月末尾又下了一场小雪。近来一直没有下雨的迹象，园田里蔬菜缺水严重，高处的稻田也需要水才能耕种，这些无不令人担忧。去年冬天收到家信，信中说江南东、西两路秋季收获的稻谷都白白地损耗，村民很多流浪外出了。这里却没有这种灾难，如今都是人多热闹的样子。但是为常备军收购的粮草和收租的谷米都不如往年,以此知道米谷不会没有折耗,只是人们没有感觉到罢了。商业税收和边境贸易、酒类专营的收入也比往年少,询问附近其他郡县,往往都是如此。

凡事自十几年来(即如此),仔细地考察其原因,大抵更加困难。《周易》说:"穷极就要变化,变化则能通达,能通达则能恒久。"因此"有如天助一般,当然吉祥而无不利了"。所谓变化就能通达的,一定有它的道理。非常希望得到您的教诲,不敢用冗长的文字来混淆对事实的记载,敬请您谅解。

【导读】

按照宋朝官制,大体上说,各路的官僚机构,主要有四个监司,称为帅、漕、宪、仓。这些官员均由皇帝委派。帅也称为安抚使,是一路高级军政长官,照例由文臣充任,但往往带都总管衔,统辖军队,掌管兵民、军事、兵工工程诸事。南宋的安抚使改为帅司,兼管民政。漕是转运使,其本职是经管一路财赋,保障上供及地方经费的足额。为了履行其本职,就有必要巡察辖境,稽考簿籍,举劾官吏。久而久之,转运使便成为事实上的路级监司官。与转运使平行的又有提点刑狱司及提举常平司两种,前者管司法,称为宪;后者管赈荒救济事宜,称为仓。所以每路有四个系统的长官,职权互不统属。陆九渊对张监评价颇高:"张监趋向甚正,议论有典刑,到任以来,文移条理,每每可服。"[1]

本篇的重点是汇报修筑荆门城墙的情况。

一是建筑进度:土工已经竣工,包砌还没有完成。

二是筹款工作。"自致买名银之请"指的是陆九渊在《与庙堂乞筑城札子》中所说的"欲乞钧慈,特为敷奏,于数内拨支银五千两,应副包砌支用"一事,就是请求在专用款"买名银"中拨付五千两,用以包砌城墙。

三是希望张监助力,使陆九渊的请求能够得到批准。陆九渊之所以如此急切地要修筑城墙,其目的是加强边境的防御("壮边城之势"),保一方平安("常平仓库如在枕上矣")。

---

① 《与张元善(一)》,《陆九渊集》卷十六,中华书局 1980 年版,第 210 页。

与张监(二)①

【原文】

属承手翰，风谊凛然，三复之余，益深降叹①。鲁欲使乐正子为政，孟子曰："吾闻之，喜而不寐②。"孟子所喜，亦曰君将蒙其益，民将被其泽，道将行于时而已。某前日赞喜之牍，窃自附于此③。固知外物不足为贤者轻重也。

归正人伊信者，常至庭，备谕以贤监司宣布圣朝恩德之意④，见其衣服蓝缕，因薄赒之，今不复叫呼矣⑤。其类有二三人，相次陈乞，计次第关闻也⑥。

使华过此，时有一陈状者，乃长林系官画匠⑦。后自知理曲，复藏避，不欲追追，以开其自新之路⑧。近方出头，喻之以理，令下当阳，与其嫂行踏田界，旦晚即申闻其详⑨。

簿书捐绝，官府通弊，是间僻左，忽略尤甚，公私文书，类难稽考⑩。向来郡中公案，只寄收军资库中，间尝置架阁库，元无成规，殆为虚说⑪。近方令诸案，就军资库各检寻本案文字，收附架阁库，随在亡登诸其籍，庶有稽考⑫。若去秋以来，文案全不容漏脱矣。

使台所索屈彦诚公案，申发已久⑬。续索所毁公据断由，以不曾启县封，不知在不⑭？寻呼县吏问之，果不在其中，责令搜求，累日不得。即追薛谅刘习问之。薛谅老病，扶杖出头，势必抬舆而后可前。刘习自陈初不与事。薛谅亦云省忆追屈氏公据断由时，里正是吴文海，非是刘习⑮。后追到吴文海，果无异辞，然谓当时已追到官。薛谅亦云："省忆得当时二文公据断由，皆已附案，今若不

---

① 本文原载《陆九渊集》卷十七(中华书局 1980 年版，第 214~216 页)，从文中"过社节来，屡得雨，高田皆可耕"一句推断，当写于绍熙三年(1192 年)春夏之间。

在，乃是案中漏失。"长林见其事如此，重于发人，亲监县吏，倒架搜寻，得断由一截，然情理尚可考，公据则竟不在。今且发断由去。一二人皆知责俟命，若不妨裁断，得免解其人，尤幸！

比来讼牒益寡，有无以旬计，终月计之，不过二三纸[16]。第积年之讼，尚有六七事未竟[17]。此数事日已决三事，势不复起矣。如蕲荣、屈彦诚二事，旦暮必决。余二事亦皆谕之以理，使自和解，未知能从否？要亦在旬日当决。

过社节来，屡得雨，高田皆可耕[18]。每多夜雨，农者之占，认为必稔，未知果验否[19]？

此间平时多盗，今乃绝无，有则立获。前政有二盗未获，今巡尉亦皆是后任者[20]。宪台督责常文，久已因循，近乃押至，其辞加峻[21]。此盗在当时，即已远逃，今固无可得之理，当时巡尉，已逃责罢去久矣。今巡尉一人且将满，一人且书考矣，一旦责以前任不可得之贼，行移如此，似亦非宜[22]。此间平时为害之盗，今尽捕获。能为盗之人与常停盗之家，皆以密籍在此，苟有盗，亦不容不获也。平时剽夺于道路者，近获二人，已断配一人，一人见在狱[23]。向来禀闻当阳界内，有六七辈打夺人钱物，缚之于深林中而去者，皆已断配。今日之无盗，大抵以此。宪台辄驳下此案，令检断去，析其所驳之说无道理。比间检断官具析之文，条理粲然，谩令录呈，得一过目，幸甚[24]！

又有人囚，其犯乃在某未到任时。到此未久，即见一人来投牒，乃被人杀之家，讼当阳勘囚情节未尽，观其辞，即知其为健讼者[25]。已而闻之，果无状之人，以好讼不已，常遭徒刑矣[26]。即判送当阳县，令从公尽情根勘，不得稍有卤莽[27]。沈宰亦在郡，某亦常摘其词中所讼与相反覆[28]。沈宰谓大囚在狱，只得尽情，出入[29]皆不可，其事皆亲自研勘，不在吏手。观沈宰序说本末，果皆不苟。及其解本军，军院犹研究有节目未尽者，竟追县吏断遣，今奏案上矣[30]。健讼之人，自宪使之至，即投牒于宪台。计其投牒之日，乃在此间奏上之后。宪台遂索案，比既奏，又先申宪矣。然既索案，只合发往。前月方得牒改送司理院[31]，且言已专人发案下。然其案逮今未至，司理院亦无从照勘[32]。本军相寻有两奏案，一后奏者下已久矣，此案独未下，岂宪台致疑于其间，以上闻也[33]。此事本末甚详，当时宪台但以其词与所疑令本军具析，则其事涣然矣[34]。刑狱淹延[35]，亦宪台之任。其囚已于绞刑上定断，独以杀人无证，法当奏裁。纵令别勘，其情与其刑皆不能有所加。

张丈老成前辈，近自乡里过九江时亦常侍尊姐，未必有心相困㊱。近物色之，乃今宪台法司黄亮者，乃此间人吏㊲。郑守窨王守之时，此人多不用事㊳。今闻自孔目已下，多与之有隙㊴。或谓其人为此以报私怨。万一出此，所签厅官与检法官，亦唯黄亮是听而已㊵。张丈前辈，某本欲作书，又恐不暇省录，敢借一言之重以调护之，幸甚！向来张丈有公札问人才，某常以两县宰与教官为对㊶。以沈为宰，某备员守臣，莫不至甚有冤滥也㊷。张丈尊年，诸事未可直致，恐反致疑也。干官㊸检法者，不知何等人品？幸有以调护之。恃契爱浼渎，伏幸恕察㊹。

【注释】

①风谊：风范和正义之举。凛然：严厉貌，形容令人肃然起敬的样子。三复：再三反复。降叹：悦服，赞叹。

②鲁欲使乐正子为政：典故出自《孟子·告子下》，故事的大意是：鲁国打算让乐正子治理国政。孟子说："我听到这一消息，欢喜得睡不着觉。"公孙丑问："乐正子很有能力吗？"孟子说："不。"公孙丑问："有智慧有远见吗？"孟子说："不。"公孙丑问："见多识广吗？"孟子说："不。"公孙丑问："那您为什么高兴得睡不着觉呢？"孟子回答说："他为人喜欢听取善言。"公孙丑问："喜欢听取善言就够了吗？"孟子说："喜欢听取善言足以治理天下，何况治理鲁国呢？假如喜欢听取善言，四面八方的人从千里之外都会赶来把善言告诉他；假如不喜欢听取善言，那别人就会摹仿他说：'呵呵，我都已经知道了！'呵呵的声音和脸色就会把别人拒绝于千里之外。士人在千里之外停止不来，那些进谗言的阿谀奉承之人就会来到。与那些进谗言的阿谀奉承之人住在一起，要想治理好国家，办得到吗？"乐正子：复姓乐正，名克，战国时鲁国人，一说是孟子的学生。为政，执政，治理国政。

③蒙：承受。被：蒙受。赞喜：增加喜悦气氛，助兴。

④归正人：宋士民的一种称呼。宋人因流落邻国，脱身回归，或原为契丹等族，从金国来归，皆称"归正人"。伊信：人名。监司：宋朝在中央与府、州、军之间，设有监察区"路"，路级机构有转运司、提点刑狱司、提举常平司等，

各司除本职事务外，都有监察本路各级地方官员的职责，故通称为"监司"。贤监司，指张监。

⑤蓝缕：蔽衣，衣服破旧。因：于是。薄赒(zhōu)：少量周济。

⑥其类：与其类似。陈乞：请求救济。次第：依次。关闻：通报，禀告。

⑦使华：对受皇命出使的官员的尊称。系官画匠：归官府管理的画匠。宋宣和年间以后，因宋徽宗的爱好和提倡，画学大兴，各地也由官府管理一批画匠，并以画取士，考试艺能，画风盛行。

⑧迫追：逼迫，追究。自新：自己改正错误，重新做人。

⑨出头：现身出来。当阳：即当阳县，荆门军属县之一，今湖北省当阳市。行踏：勘验，实地察看。

⑩簿书：泛指档案文书。捐绝：全部丢弃。捐，舍弃，抛弃。僻左：偏僻的地方。类：大抵，大都。

⑪间：间或，有时。元：原来，本来。成规：定规，既定的规章。殆：大概，恐怕。

⑫在亡：有或没有。庶：差不多。

⑬使台：对"宪司"的尊称。屈彦诚：人名。

⑭公据断由：据以断案的证据和理由。县封：指县令密封上报的案件材料。

⑮薛谅：人名。省忆：记忆，记得。里正：宋朝在县级以下，设立有乡和里，其中"里"的长官为里正。吴文海、刘习：皆为人名。

⑯讼牒：告状的状子。以旬计：按十天为单位计算。

⑰第：但，且。未竟：没有完成。

⑱社节：古时春秋两季祭祀土神的日子。这里指春社，春社规定在立春后第五个戊日举行，一般在农历的二三月间。

⑲占：预测。稔：丰收。

⑳前政：前任主政。巡尉：维持治安并兼巡查捉拿私茶、私盐的县武官。

㉑宪台：宋代各路设置提点刑狱司，俗称"宪司""宪台"。因循：沿袭，守旧。押：押送。峻：严肃，严厉。

㉒考：宋制，每年对官员进行考察，任满一周年为一"考"。"考"的结果分上、中、下三等，作为注授差遣的依据。行移：即"公移"，政府公文。

㉓剽夺：抢劫夺取。断配：裁断给以"配"刑。配，宋代刑罚之一，即流放、发配之刑，先杖责、刺面，然后发配到指定地点服苦役。原为宽恕死刑犯而设，后来成为常刑。

㉔检断官：宋代负责司法审讯程序的官员，职责是检查断放或点检断遣。宋时，遇久雨、久旱或其他天变，皇帝下令疏决虑囚(对在押犯人进行二次讯察以减少冤假错案的机制，称为录囚或虑囚制度)，各路提点刑狱司或监司的检断官分往各州检查治狱情况，囚犯事理轻者判决释放，已判"杖"以下罪者取保释放。粲然：明白、清楚的样子。谩：通"漫"，姑且，随便。

㉕投牒：投递诉状。当阳：这里指当阳沈县令。勘囚：审问案犯。健讼：好打官司。

㉖已而：随即，不久。无状之人：没有品行的人，品行不端的人。徒刑：宋代刑罚之一，徒刑分为三年、两年半、两年、一年半、一年共五等。依照折杖法，五等徒刑可改为责打脊杖 20~30 下，即予释放。

㉗根勘：彻底审问。卤莽：粗疏，轻率。

㉘沈宰：指当阳县沈县令。反覆：翻来覆去，重复。

㉙出入：有异有同，不一致。

㉚节目：树木枝干交接的地方叫"节"，纹理纠结不顺的地方叫"目"，这里比喻关键问题、不易解决的问题。竟追：追究，穷究。断遣：判决为"遣"，即发往指定地点服役。

㉛司理院：官署名，州一级的司法机构。宋初设司寇院，后改称司理院，审理民事诉讼和刑事诉讼案件。

㉜逮今：至今。照勘：察勘。照，察看。

㉝相寻：相续，接连。寻，续，接连。上闻：向上级报告。

㉞本末：原委，始末。具析：具文分析。涣然：涣然冰释的省语，本义是像冰雪一样消融，后多指困难、疑虑等很快消除。

㉟淹延：延迟，拖延。

㊱张丈：对宪司的张姓提点刑狱的尊称。老成：年高德重。九江：地名，今江西省九江市。侍尊俎：在左右侍候。特指张丈宴请陆九渊一事："张宪在九江时，假道识之，蒙渠约饭"，可参见本书《与张元善(一)》。尊俎，古代盛酒肉的

器具。有心相困：有意为难。

㊲物色：寻访，搜寻。法司：即法漕，为司法参军，掌议法断刑。黄亮：人名。

㊳郑守：姓郑的知府。窘：使处于困境之中。王守：姓王的知府。用事：指当权执政；行事、办事。多不用事：非常不负责任，有捣乱、挑事之嫌。

㊴孔目：官名，旧时官府衙门里的高级吏人，掌管狱讼、账目、遣发等事务。已下：即"以下"。有隙：有嫌隙，有怨恨，感情上有裂痕。也作"有郤"。

㊵签厅官：签书判官厅公事的简称，掌判决各案。检法官：官名，从刑部到各路均设此官，主管检详法律事宜、检查执法之事的官吏。

㊶公札：公文的一种。两县宰：指当阳沈县令和长林汪县令。教官：指荆门军教官。

㊷备员：充数，凑数。指处在官位而不起作用，也用作任职、任事的谦辞。守臣：诸侯对天子或大夫对诸侯自称"守臣"，这里是陆九渊自称。莫：大约，约莫。冤滥：埋没人才和滥用权力。冤，冤屈，枉曲。滥，没有操守，肆意妄为。

㊸干官：宋代掌均输的官吏。

㊹契爱：友好，亲爱。浼（měi）渎：玷污，亵渎，不恭敬。恕察：原谅和明察。

【译文】

属下收到您的亲笔信，风范和正义都令人肃然起敬，我反复阅读之后，对您更加深感敬服和赞叹。鲁国打算用乐正子治理国政，孟子说："我听到这个消息，高兴得睡不着觉。"孟了之所以高兴，也是认为国君将要得到他的益处，百姓将要受到他的恩惠，大道将要行于天下罢了。我前天所写的表达赞喜的祝贺信，私下附在这里。固然知道名利这些身外之物，不值得为贤者所看重。

归正人中有一个叫伊信的，经常来到衙署大厅（叫苦），我把您宣布圣朝恩德的意思都详尽告诉给他，见他衣服破旧，于是少量周济了他，如今也不再叫苦了。与其类似的有二三人，一起来请求救济，打算依次向上报告。

一名受皇命出使的官员经过荆门军，当时有一个呈递诉状的人，是长林县官府管理的画匠。后来他自知理亏，又躲藏起来，我不打算逼迫和追究，给他一个自己改正错误、重新做人的机会。最近他才现身出来，我晓之以理，令他回到当阳，与他的嫂子实地踏勘田界，早晚就把详情报告给您。

档案文书都被丢弃，是官府的通病，荆门地处偏僻，忽略文书管理尤其厉害，公私文书，大多难以稽核考查。从前荆门军的公文档案，只收存在军资库中，有时放在架阁库里，本来就没有一定的规定，（即使有规定）大概也是空头条文。近来才令各案卷的管理人，到军资库检索搜寻有关本案的文字，收拢后交付架阁库，随着有无登记到其簿册中，差不多可供稽核考查。从去年秋天以来，公文案卷一点也不容脱漏了。

使台索取的有关屈彦诚的公案，已经发出很久了。后来又索取损毁的公据断由，因为不曾开启县里封存的案卷，不知还在不在？随即呼唤县里的官吏来询问，果然不在其中，责令他回去搜寻，几天也没有找到。随即找薛谅、刘习追问。薛谅又老又病，拄着拐杖现身，看情势必须用轿子抬着才能前往。刘习自己说当初没有参与这事。薛谅也说记得追索屈氏的公据断由时，里正是吴文海，不是刘习。后来追到吴文海，果然没有不同说法，但是他说当时已经追索到官府。薛谅也说："记得当时公据和断由两文，都已经附在案卷里，如今如果不在，就是办案中遗失了。"长林县令见事已如此，于是再次派遣人手，亲自监督县里的官吏，推到搁架搜寻，虽然只找到断由的一部分，而断案的情理还可以从中考察，公据就竟然不在了。如今暂且把断由发过去。相关的一班人自知失责，在等待上级命令，如果不妨碍对案件的裁断，能够免于押送这些人（出庭），尤其幸运。

近来诉状更少了，或有或无都以十天为单位计算，一个月完了后统计，不过两三张状子。但是多年来的积案，还有六七件没有完成。这几件事日前已判决三件，肯定不会再起诉讼了。如蕲荣、屈彦诚两件事，早晚一定判决。剩下的两件事都晓之以理，使他们自行和解，不知他们是否听从？应该也在十天左右即当判决。

过春社节以来，屡次降下雨水，高处的田都可以耕种。每每多夜雨，老农预测，认为必是丰收之年，不知是否果真灵验？

这里平时多出强盗，如今是绝少有了，即使有也被立即捕获。前任主政时有两个强盗没有抓获，现在巡尉也都是后来继任的。宪台督办询问的日常公文，已经沿袭很久不变，而最近才送达的，措辞更加严厉。这两个强盗在当时已经远远逃走，如今一定没有能够抓获的道理，当时的巡尉，已经为逃避责任离职很久了。现在的巡尉一人即将任满，一人即将参加年度书面考核，一旦责成他们抓获前任没能抓获的强盗，公文如此要求，似乎也不适宜。这里平时为害的盗贼，如今已全部捕获。可能成为盗贼的人和经常收留盗贼的人家，都用秘籍记录在案，如果出现了盗贼，也不容不抓获。平时在道路上抢夺的人，最近抓获了两人，已经判决发配一人，另一人现关押狱中。以前报告的当阳境内有六七人抢夺路人钱物，并把路人捆绑在深林中然后逃走的人，都已经判决发配之刑。现在没有盗贼的情况，大抵如此。宪台却驳回了这个案件，让检断官离去，（我）分析其所驳回的说法没有道理。此间的检断官所写的分析文章，条理清楚，姑且让他抄录呈送给您，能得到您的过目，就十分幸运了。

又有一个重要的囚犯，他犯案是在我没有到任的时候。我到任不久，就看见一人来投递诉状，是被杀者的家属，状告当阳县审问囚犯时不彻底不详尽，观察他的言行，就知道他是个好打官司的人。不久听说一些事，果然是品行不端的人，因为喜欢不停地打官司，常遭到惩罚。当即判决送回当阳县，令县里从公详细彻底审问，不得稍有疏忽。当阳县的沈县令也在郡城，我也常摘取诉状中所说的事与他反复讨论。沈县令说重犯关押狱中，只能尽全力办案，轻判重判都不行，所有事情都是亲自研究审问，不让属下官吏自行决定。看沈县令叙说事情的原委始末，果然都是一丝不苟。等到他遣送本军，军司理院对其中关键问题和疑难问题还要研究，限时督促县吏判决"遣"刑，如今案子已经上报了。好打官司的人，在宪使到来时，就到宪台投递状子。计算他投递状子的日期，是在本地案子上报以后。宪台于是索取案子，近来已经上报了，又要向宪台申明情况。宪台既然已经索要案子，只好发往。上个月才收到公义，改送司理院，并且说已派专人发下案子。然而案子至今没有送到，司理院也无从察勘。本军接连有两件案子上报，一件后上报的案子批下来已经很久了，唯独这件案子还没有批下来，难道宪台对其中的情节引起了怀疑，因而要向上报告请示？这件案子的原委始末都很详尽，当时宪台只把状子中的说辞和他所怀疑的地方令本军具文分析，那么这事很快就清楚了。案件审理判决拖延时日，宪台也有责任。那个囚犯已经判决为绞刑，只是因为杀人缺少证据，按照法律应当上奏裁定。纵然下令另行察勘，对案子的情节和判决都不会有什么益处。

张丈是年高德重的前辈，近来从金溪乡里经过九江时也曾经在他左右侍候，未必故意为难于我。最近打听这事，才知如今宪台法司有个叫黄亮的，是本地人出去为吏的。当年郑知府使王知府处于困境的时候，这个人极端不负责任，从中挑事，拨弄是非。如今听说自孔目以下的官吏，大多与他有隔阂。有人说此人这么做是为了报私怨。万一处于这种原因，那些签厅官和检法官，也只有听从黄亮的罢了。张丈前辈，我本想给他写信，又担心他没有时间看，胆敢借您的一句有分量的话来调和维护，不胜幸运！以前张丈有公文访求人才，我常以长林、当阳两位县令和军教授作为回应。用沈某做县令，我作为暂且充数的荆门知军，大约不至于十分埋没人才和滥用权力。张丈年龄大了，各种事不能直接告知，担心反而引起他的怀疑。干官、检法这些人，不知是什么样的人品？幸亏有您加以调和维护。仗着您的友好和爱护而亵渎了您，希望得到您的原谅和明察。

【导读】

本文是陆九渊接到张监的书信后所写的回信，主要内容是汇报荆门军的司法情况。

陆九渊就任荆门后，针对以往司法方面的弊端，也进行了一番整顿和改革。比如加强对重要案件相关材料的收集、整理和保管。不重视案件档案资料的保存，在当时已经成为一种通病，地处偏僻的荆门尤其严重。陆九渊下令，各种案件的"本案文字"都要"收付架阁库，随在亡登诸其籍"，结果是"若去秋以来，文案全不容漏脱矣"，情况大为改观。又如对新发生的案件即时审理，"比间不复挂放状牌，人有诉事，不拘早晚接受，虽入夜未闭门时，亦有来诉者，多立遣之，压服而去"①。效果也非常好："比来讼牒益寡，有无以旬计，终月计之，不过二三纸"，"此间平时多盗，今乃绝无"。

宋代法令繁多，法网严密，内容极为广泛，对政治、经济和日常生活的方方面面，都有极为详尽的规定。同时，司法机构也非常健全。在朝廷设置有刑部和大理寺作为最高司法机构，大理寺决断全国所申奏的案件，刑部复审大理寺判决

---

① 《年谱》，《陆九渊集》卷三十六，中华书局1980年版，第510页。

的重大案件(主要是死刑案件)。在路一级设置提点刑狱司,复核和审察所属州府判决的案件,并经常巡视各州县。在州一级,南宋时设司理院,审理民事诉讼和刑事案件。又设州院(或府院、军院),职责与司理院相同。另设司法参军,主管检法议刑。并有一套严密的审判制度,实行审、判分司和州县司法机关独立审判的原则。尽管法律制度很健全,但由于官场的腐败,仍然时常出现各种弊端,如"刑狱淹延""以报私怨""簿书捐绝"等。陆九渊虽然不能完全改变这些现实,但他的积极努力仍然是值得肯定的。

与丰叔贾①

【原文】

　　某迁疏，置之泉石间甚宜，一行作吏，强其所劣，欲罢不能①。前者所闻荆门郡，计不至窘束，至此大异所闻。蕞尔小垒，频岁迎送，势不能堪②。疆土虽稍广阔，然山童田芜，人踵希少，户口不能当江、浙小县③。始至，妄意创筑子城，今幸向毕④。春间廨舍适有回禄之灾，不容不新之⑤。在官亭宇，以数政皆不久，积坏几不可支，吾只得随宜修葺⑥。不习于吏，当此匮乏，重以百役。今岁汉江岷江⑦，皆无雨暴溢，濒水下地，所伤甚多。分委同官，四出检视，从实与之蠲租，常赋殆亏其半，禀焉未知所以善后⑧，倘有以督而振掖之，是所望于长者，唯无爱是幸⑨！

【注释】

　　①迁疏：迂腐，疏淡。泉石：泉水和山石，借指山水。行作：用作。强：勉力。

　　②蕞尔：渺小的样子。小垒：小城。频岁：连年。

　　③山童：意谓山如小儿头顶上无发，光秃秃的。喻指山上没有草木。田芜：田地荒芜。人踵：人口。踵，脚后跟。希少：即稀少。

　　④子城：大城所附属的小城，这里指荆门城墙。向毕：将近完工。

　　⑤回禄之灾：即火灾。回禄，传说中的火神，后用作火灾的代称。

<hr>

　　①　本篇原载《陆九渊集》卷十七（中华书局1980年版，第216~217页），写于绍熙三年（1192年）夏末。丰叔贾，即丰谊，字叔贾，一字宜之，鄞县（今浙江宁波市）人。

⑥修葺：原指用茅草覆盖房屋，后泛指修理房屋。

⑦岷江：长江上游支流。

⑧蠲（juān）租：减免租税。常赋：平常年景的税赋收入。殆：大概。廪焉：恐惧的样子。廪，通"懔"。

⑨有以：犹有因、"有什么"、"有条件"；有……条件，有……办法。振掖：奋起扶持；提携。无爱：舍不得；吝惜。

【译文】

我生来迂腐疏淡，只适合在山水之间闲住，一旦当了官，勉强做自己才力不及的事情，真是欲罢不能。以前听到荆门军的传闻，想来不至于财政困乏，到此才知道与听到的传闻大不相同。一座小小的次边之城，连年迎来送往，一定是不堪重负。疆土虽然稍显广阔，然而山无草木，田有荒芜，人口稀少，户口数还赶不上江浙地区的一个小县。才到任时，想要修筑城墙，如今幸喜竣工了。春季，居住的屋舍发生火灾，不能不重新建造。衙门所用的房屋，因为前几任官员待的时间都不长，积年损坏得快要倒塌了，我只好根据情况随时加以修缮。不习惯做官，遇到这种财政困乏的情况，感觉比身负各种徭役还繁重。今年汉江、岷江都不见下雨而江水暴涨，靠近水边的低洼地，农作物损失很多。分别委派同僚官吏，四出检查巡视，根据实际情况给农民减免租税，（财政收入）比平常年景的税收大概要减少一半，心中忧惧不知道怎么善后。如果有什么督促我、提携我而使我振作起来的办法，这就有望于长者您了，唯愿您不吝赐教为幸。

【导读】

丰叔贾，名谊，字叔贾，因父亲死于国难，被优待任为建康知军，后历任常州、台州、饶州、蕲州、衢州等地知州，皆有惠政。隆兴元年（1163年）升为户部郎官，后外任湖南运判（荆湖南路转运判官，漕司副长官）。其子丰有俊师从陆九渊学习，二人关系甚密。丰有俊在光宗绍熙元年（1190年）登进士。任隆兴府通判时，建东湖书院（今江西南昌东湖书院）。宋宁宗嘉定四年（1211年）至六年（1213年），知建昌军，任上所兴建的药局是宋朝官办药局的范例。宋宁宗嘉定六年（1213年），任真州知州。后历任扬州知州、镇江府知府，累官淮南安抚使，卒于任内。其知扬州、镇江时，故友的女儿因家道中落被卖入青楼作妓。丰叔贾施重金赎回，为她做媒，嫁予书生，给予丰厚嫁妆，并将她当作自己亲生女儿看待，后世传为美谈。

本文介绍荆门政事情况。在陆九渊看来，荆门是一座边境小城，地域虽然辽阔，但"山童田芜，人踵稀少"，财政困难。加上当年旱灾之后又遭水淹，收入更是比常年减半。但陆九渊没有沉沦，修筑荆门城墙，修葺损坏的屋宇；尤其关心民生，"分委同官，四出检视，从实与之蠲租"，从中我们看到了陆九渊勤政爱民的形象。更为可贵的是，陆九渊没有为已经取得的成绩沾沾自喜，停止步伐，而是广泛求计问策，"倘有以督而振掖之，是所望于长者，唯无爱是幸！"这使我们又看到了陆九渊恭谦谨慎、不断进取的另一形象。

与致政兄①

某拙钝不敏，岂不自知①。然物莫不各有所长，各有所短。若其深思力考，究事理之精详，造于昭然而不可昧，确然而不可移，则窃自信其有一日之长②。家信中详言事为者，非是矜夸，政欲以情实达于长上耳③。

某常谓三代而下，有唐、虞、三代遗风者，唯汉赵充国一人而已④。宣帝问曰："谁可使者？"则曰："无逾老臣。"其客劝其归功朝廷与诸臣，是曰："兵之利害，当为后世法，老臣岂嫌伐一时事以欺明主哉⑤？"皋陶曰："朕言惠可底行⑥。"禹曰："予暨益播庶鲜食艰食，蒸民乃粒，万邦作乂⑦。"又曰："予决九州，距四海，浚畎浍距川⑧。"又曰："予创若时，娶于涂山，辛壬癸甲，启呱呱而泣，予弗子，惟荒度土功⑨。"夔曰："予击石拊石，百兽率舞，庶尹允谐⑩。"此等皆非矜夸其功能，但直言其事，以著其事理之当然⑪。故君子所为，不问其在人在己，当为而为，当言而言，人言之与吾言一也。后世为不情之词者，其实不能不自恃⑫。古之君臣朋友之间，犹无饰辞⑬，况父兄间乎？唐虞三代盛时，言论行事，洞然⑭无彼己之间。至其叔末德衰，然后有："尔有嘉谋嘉猷，入告尔后于内，尔乃顺之于外，曰斯谋斯猷，惟我后之德⑮。"前辈之论，以为太甲卒为商太宗，追配成汤，无愧而有光，以其善恶是非灼然明白，非成王比也⑯。成王卒为中才之王，以流言疑周公，此难以言智⑰。自此而降，周德不竞⑱矣。入告出顺之言，

---

① 本篇原载《陆九渊集》卷十七（中华书局 1980 年版，第 218～219 页），是陆九渊写给其长兄陆九思的信。据《陆九渊集》卷三十六《年谱》记载："赠刘季蒙。与伯兄致政书。冬十二月六日，与侄麟之书"，当写于绍熙三年（1192 年）秋冬。

德不竞之验也。后世儒者之论，不足以著大公，昭至信，适足以附人之私，增人陷溺耳⑲。铢铢而称之，至石必缪，寸寸而度之，至丈必差⑳。石称丈量，径㉑而寡失。后世人君亦未尝不欲辨君子小人，然卒以君子为小人，以小人为君子者，寸寸而度，铢铢而称之过也。以铢称寸量之法绳古圣贤，则皆有不可胜诛之罪，况今人乎？今同官皆尽心力相助，人莫不有才，至其良心固有㉒，更不待言。但人之见理不明，自为蒙蔽，自为艰难，亦蒙蔽他人，艰难他人，善端不得通畅，人心不亨，人材不得自达，阻碍隔塞处多，但增尤怨，非所以致和消异㉓。今时人逢君之恶，长君之恶，则有之矣，所以格君心之非，引君当道，邈乎远哉㉔！重㉕可叹哉！

【注释】

①拙钝：笨拙愚钝。敏：聪慧。

②究：探究。造：到，达到。昭然：显著、明白的样子。昧：昏暗。

③家信：指陆九渊给金溪家中写的信，信中讲了一些荆门政绩。矜夸：骄傲自夸。政：通"正"。

④三代：指夏、商、周三代。唐：即陶唐氏，尧为其领袖。虞：即有虞氏，舜为其领袖。遗风：流传下来的风尚。赵充国：人名，西汉著名将领。

⑤宣帝问……以欺明主哉：其事见于《前汉书·赵充国传》。宣帝，即汉宣帝刘询。

⑥皋陶：传说中的东夷族的首领，被舜任为执掌刑法的官，后被禹选为接班人，不幸早逝。朕言惠可底行：我所陈述的九德是很好的，可以实行。朕，我。

⑦禹：即大禹。予暨益……万邦作乂：大意是，我与稷一起教民播种粮食，为人民提供食物。天下的老百姓有吃的了，万国因此安定。益，原文作"稷"。乂(yì)：治理；安定。《尔雅》："乂，治也。"

⑧予决……浚畎浍距川：大意是，我决通九州，使洪水流到四海之中去，使田沟里的水流到河流中去。

⑨予创若时……惟荒度土功：大意是，我在涂山惩治丹朱时，娶了涂山女，只过了四天就治水去了。其间数过家门而不入，就是听到儿子启呱呱的哭声，我也没空进去看一看，急着忙于治水，完成水土的大功。以上三句原文见《尚书·

益稷》。

⑩夔：人名，尧舜时的乐官。予击石拊石……庶尹允谐：大意是，我用石块敲击石磬、用手轻击石磬，各种声音无不和谐，百兽高兴得相率起舞。原文见《尚书·虞舜》。

⑪矜夸：夸耀。著：显出。

⑫不情之词：不符合情理的话。自恃：自以为有所依靠。

⑬饰辞：即"饰说"，粉饰的言辞。

⑭洞然：透彻的样子。

⑮至其叔末德衰：到了周代的末期，德就衰败下来了。叔末：犹末世、叔世，衰乱的时代。《左传·昭公六年》："三辟之兴，皆叔世也。"孔颖达疏引服虔云："政衰为叔世。"尔有嘉谋嘉猷……惟我后之德：大意是，你有善谋善道，则入告汝君于内，汝乃顺行于外，这就是说，此善谋善道，只有我君有德才能采用。后，指国王。原文见《尚书·君陈》。

⑯太甲：商代国君，汤的嫡长孙，太丁之子。传说他即位后，因破坏汤法，不理朝政，被大臣伊尹放逐。三年后，他悔过，又被伊尹接回复位。在放逐期间，他生活在民间，得知人民疾苦，复位后励精图治，结果"诸侯归殷，百姓以宁"，死后被尊为商太宗。卒：终于。成汤：人名，商朝建立者。成王：即周成王姬诵。西周国王，周文王之孙，周武王之子，他即位时年幼，由其叔周公旦摄理政事，安定大局。他亲政后，继续大封诸侯，加强宗法统治权力；又委任周公制礼作乐，规划各项典章制度，奠定了西周王朝的基础。

⑰中才：才能中等。周公：即姬旦，周文王第四子，因采邑在周地，故称周公。西周初著名的政治家，曾辅佐其兄周武王伐商，多有建树。武王死，因成王年幼，由他摄理政事。管叔、蔡叔等起来反对，散布流言蜚语中伤他，使成王产生怀疑。周公一方面发誓表白，一方面迅速东征，平定纣王之子武庚的叛乱，随即全面实施封邦建国方略，加强了西周的统治。

⑱不竞：不强盛。

⑲昭：显示，显扬。适：恰好。附：增加。陷溺：使沉迷堕落。

⑳铢：古代重量单位，二十四铢为一两。称：称量。石：古代重量单位，一百二十斤为一石。缪：通"谬"，差错。度：衡量。

㉑ 径：直接。

㉒ 良心固有：善良之心是本来就有的。陆九渊心学认为，良心是天所以予我者，人固有之，非由外铄。

㉓ 不亨：不通达。所以：表示原因。致和消异：达成一致消除分歧。

㉔ 逢：迎合。长：助长。所以：表示结果。格君心之非：纠正君主的过失，语出《孟子·离娄上》。引君当道：引导君主合乎正道。邈：久远，遥远。

㉕ 重：极，甚。

【译文】

我笨拙愚钝而不聪敏，自己怎么会不知道呢？然而事物无不各有所长，各有所短。像那深入思索尽力考究，探究事理的精细详情，从而达到使其显著而不可暗昧、确定而不可改变，那么我私下里自信还有一日之长。家信中详细说到的事情和行为，不是自我夸耀，只是想把实情告诉给兄长罢了。

我常说夏、商、周三代以来，有唐尧、虞舜、夏、商、周三代遗风的人，只有汉代的赵充国一人而已。汉宣帝问赵充国说："谁可以带兵出征？"赵充国则回答说："没有谁比老臣我更合适的。"（等到取胜以后）他的宾客劝他将功劳归于朝廷和众大臣，赵充国说："用兵的利害，应当为后世立下榜样，老臣岂能为避免夸耀一时功劳的嫌疑而欺骗贤明的皇上呢？"皋陶说："我所陈述的九德是很好的，可以实行。"大禹说："我与稷一起教民播种粮食，为人民提供食物。天下的老百姓有吃的了，万国因此安定。"又说："我决通九州，使洪水流到四海之中去，使田沟里的水流到河流中去。"又说："我在涂山惩治丹朱时，娶了涂山女，只过了四天就治水去了。其间数过家门而不入，就是听到儿子启呱呱的哭声，我也没空进去看一看，急着忙于治水，完成水土的大功。"夔说："我用石块敲击石磬、用手轻击石磬，各种声音无不和谐，百兽高兴得相率起舞。"这些话都不是夸耀他们的功劳，只是直言其事，从而显示出事理本来的样子。所以君子所作所为，不问其在于别人还是在于自己，当做就做，当说就说，别人说和自己说都是一样的。后世说些不符合情理的话的人，其实不能不有所自恃。古代的君臣朋友之间，尚且没有粉饰的言辞，何况父兄之间呢？唐尧、虞舜和夏商周三代强盛的时候，言论和行事，透彻明白，没有彼此之间的区别。等到周代的末期，德就衰败下来了，然后才有"你有善谋善道，则入告汝君于内，汝乃顺之于外，这就是说，此善谋善道，只有我君有德才能采用"。前辈的议论，认为太甲最终成为商太宗，（德行功劳）匹配商汤王，不仅无愧还更增光辉，是因为他对善恶是非十分明白，不是周成王比得上的。周成王最终只成为才能中等的国王，因为流言而怀疑周公，这难以说是聪明的。从周成王以后，周朝的德行就不强盛了。"入告出顺"的话，就是德行不强盛的证据。后世儒者的议论，不足以显示大公，彰显至信；反而足以增加人的私心，更加使人沉迷堕落罢了。一铢一铢地称量，达到一石时一定会出差错；一寸一寸地度量，达到一丈时必然有误差。以石为单位称量，以丈为单位度量，直接简单而失误少。后世的君主也未尝不想辨别君子与小人，然而最终把君子当作小人、把小人当作君子的原因，就是一寸一寸地度量、一铢一铢地称量的过错啊。用"铢称寸量"的方法去衡量古代的圣贤，都有不可胜诛的罪过，何况当今的人呢？如今同署的官员都尽心尽力地帮助我，人都有才，至于其善良之心本来都有，更不必说了。只是有的人不能明察事理，自己蒙蔽自己，自己给自己造出艰难境遇，同时也蒙蔽别人，给别人造出艰难境遇，好的东西不能施行发扬，人心不通达，人才不能自然显达，阻碍隔塞之处很多，只会增加人们的尤怨，不是消除分歧达成一致的方法。当今时人迎合君主的恶念，助长君主的恶行，还是有的；所以纠正君主的过失，引导君主合乎正道，路途还很长远啊！实在可叹啊！

【导读】

陆九思，字子强，其子陆焕之与陆九渊同庚（参见《与侄焕之》解说）。陆九渊初到荆门时，陆九思曾到荆门小住一月；返乡后，陆九渊经常写信问候，把在荆门的所作所为告诉他。陆九思曾批评陆九渊"矜夸"，这封信就是对这一批评的回应。

陆九渊首先说明，自己在信中所报告的情况"非是矜夸"，只是想把实情告诉给兄长，然后重点就"矜夸"之语谈自己的看法。

首先，陆九渊列举赵充国、皋陶、大禹、夔等人的事例，说明一个人坚定自信、敢于建功立业，"君子所为，不问其在人在己，当为而为，当言而言"，就不能责以"矜夸"。况且"古之君臣朋友之间，犹无饰辞，况父兄间乎？"面对如父长兄陆九思，陆九渊是有什么说什么，是不需要"饰辞"的。至于"三代"以降，德衰道微，才出现周公也被流言所疑，这都是"德不竞之验也"。

其次，陆九渊指出应该怎样评价人和事。"铢铢而称之，至石必缪，寸寸而度之，至丈必差。"评价人和事，不能"寸寸而度，铢铢而称"，因为再完美的人，也总会有些小过失，即使是古代圣贤，"皆有不可胜诛之罪"，何况是普通人呢？陆九渊还举了身边的事情来佐证：同僚都是心地善良而有才能的，也是尽心力相助，但总有人不能明察事理，自己蒙蔽自己，自己给自己造出艰难境遇，同时也蒙蔽别人，给别人造出艰难境遇，好的东西不能施行发扬，人心不通达，人才不能自然显达，阻碍隔塞之处很多，从而增加人们的幽怨。所以陆九渊最后感叹说：纠正君主的过失，引导君主合乎正道，路途还很长远啊！这里表面上说的是君主，其实对普通人的道德引导，更是任重道远。

与张伯信^①

【原文】

　　属者伏承使华临贲，侍坐陪吟，日饱德义，慰喜可知^①。至如风露凄清，星河错落，月在林杪，泉鸣石间，薰炉前引，茶鼎后殿^②，方池为鉴，回溪为佩，冰玉明莹，雪霜腾耀，则喷玉新亭，真蓬壶、赢洲已^③。方士^④徒尔幻怪，安知真仙在此而不在彼也。奇石悉已如教置之，作者屹立瀑间，濒池四辈，耸然相望，如五老后有三峰，跬步之间便使人应接不暇^⑤。如闻玉泉，亦蒙点化，光价十倍其初，此邦何幸^⑥。自此天下名胜皆有望于门下^⑦矣。

【注释】

　　①属者：部属，下级，这里是陆九渊自称。使华：对受皇命出使的官员的尊称，这里指张伯信。临贲：光临。侍坐：坐在尊长旁边陪伴侍奉。日饱德义：每天受您的德义教诲。

　　②杪：树梢。后殿：即殿后，处于最后。

　　③鉴：铜镜。佩：古代系于腰带的饰物。蓬壶、赢洲：蓬壶，即蓬莱，与瀛洲、方丈一起，同为古代传说中神仙居住的仙山，后泛指想象中的仙境。赢洲：瀛洲。已：句末语气词。

　　④方士：方术之士，古代自称能求仙炼丹使人长生不老的人。

----

　　①　本篇原载《陆九渊集》卷十七（中华书局1980年版，第219页），写于绍熙三年（1192年）十月。张伯信，名垓，字伯信，鄱阳（今江西鄱阳县）人，南宋鸿儒，理学思想大家，时任荆湖南路观察副使。

⑤濒：靠近，迫近。辈：量词，群。五老：即五老峰，在江西庐山万松坪附近，五峰耸立，雄伟陡峻，形似五个老人并坐，故名。三峰：指庐山五老峰附近的太乙峰、汉阳峰和秀峰，皆为庐山著名的风景点。跬步：半步，迈一次腿的距离。古人以左、右脚各迈一次为一步，迈一次腿则为半步。应接不暇：形容美景繁多，不能逐一欣赏。

⑥玉泉：山名，在当时荆门军当阳县（今湖北省当阳市）城西十五公里处，山麓有玉泉古寺、玉泉铁塔、珍珠泉等名胜，素有"三楚名山"之誉。点化：原指道家的点金术，化凡人为仙人。这里指指点教化，开导领悟。光价：光彩和价值。此邦：指荆门军。

⑦门下：对尊贵者的敬称，这里指张伯信。

【译文】

属下承蒙您光临荆门军，侍奉在您身边陪您吟诵诗词，每天受到您的德义教诲，那种欣慰和喜悦可想而知。至于那晨风夜露凄冷清凉，天上银河错落有致，月亮挂在树梢，泉水在山石间哗哗作响，熏香的铜炉在前面作引导，煮茶的铜鼎在后面殿后，把方形的泉水池当做铜镜，把回环的溪水作为佩饰，如冰似玉明亮晶莹，如霜似雪闪耀光芒，还有喷涌的泉水、新筑的亭台，真好似仙山蓬莱、瀛洲啊！方术之士徒然追求那些奇幻怪异之境，哪里知道真正的仙境就在此地而不在别处呢？奇石都已经按照您教的放置好，作者屹立于泉瀑之间，只见靠近池水的四群奇石，耸然相望，如五老峰后又有太乙峰、汉阳峰和秀峰，景致繁多，半步之间就让人应接不暇。见到此景犹如见识玉泉，也承蒙您的指点开导，其光彩和价值比当初增加了十倍，此地何其幸运啊。从此天下的名胜都有望于您了。

【导读】

蒙泉，位于荆门市城西象山风景区东麓，开发于隋代，因象山在隋代称为蒙山而得名。泉水清澈甘甜，自古以来就备受荆门古城居民的喜爱，成为当地唯一的饮用水源，加之这里一年四季松柏常青，山清水秀，环境优美，自古以来，上至达官贵人，下至黎民百姓，纷纷慕名而来，欣赏山水美景，享受大自然的乐趣，留下许多名篇佳作。如唐代诗人沈传师《蒙泉》诗云：

> 京路马骎骎，尘途日向深。
> 蒙泉脚息驾，可以洗君心。

唐代李德裕被贬为崖州司户，南行路过荆门时曾赋《蒙泉》诗云：

> 松倚苍崖老，兰临碧涧衰。
> 不劳邻舍笛，吹起旧愁悲。

明代黄镐《二泉》诗云：

> 蒙惠泉从石底生，流通两派迫人清。
> 峨眉色借寒珠色，夕馨声和漱玉声。
> 水底金莲妍丽景，石间诗句俊髦名。
> 凭栏望罢心如水，疑在冰壶镜里行。

明代黄辉《游蒙惠泉》诗云：

> 荆门州西聚麇群，岚气人烟尽不分。
> 泉眼双开菱镜月，石鳞争画髻螺云。
> 烹茶先已荐陆子，洗药恰来逢阮君。
> 好结岩亭广松竹，日教五马醉氤氲。

千百年来，吟蒙泉的诗词歌赋连篇累牍，不可尽录，足以证明蒙泉是荆门一大名胜。

陆九渊也是很关注蒙泉的，早在江西金溪县故乡赋闲时，他就曾与人提及"蒙泉"、"金莲"[1]。一到荆门，他就依傍蒙山、蒙泉，讲学于此，听讼于此，

---

[1] 《与陈宰》，《陆九渊集》卷十一，中华书局1980年版，第148页。

并以"蒙泉守"①自称，有心于建设久矣。而此时恰好迎来了张垓。

张伯信时任荆湖南路观察副使，绍熙三年秋视察了荆门军。他是一位勤政廉洁的官员，所到之处体察民情，关爱百姓，"淡然不以声势自居，单车行道，从者无哗。田野闲值父老，辄下车问疾苦"。"秋雨妨农收，默祷于蒙泉、玉泉，随即开霁。所至多平反，不动声色，而阖郡清肃。"此外，他还懂园林山水，精心指导，将蒙泉景点、玉泉山景点建设得焕然一新，"光价十倍其初"。这期间，陆九渊"侍坐陪吟，日饱德义"，两人唱和吟咏，谈经论道，非常愉快。张垓兴之所至，题写了"蒙泉"两个遒劲的大字，并赋《蒙泉》诗：

> 久闻山下出泉蒙，清泚甘香果不同。
> 水底花开金菡萏，涧边石韫玉玲珑。
> 固知混混盈科进，喜有涓涓济物功。
> 明月满庭更似昼，我来笑傲兴何穷。

又题《惠泉》诗：

> 石随涓涓可濯缨，山花野鸟总知音。
> 提壶泉上寻诗叟，时把清泠洗我心。

当年十月，陆九渊将张垓所书"蒙泉"二字勒石立碑，并自题落款（这是我们今天所能见到的可考证的陆九渊的唯一亲笔签名）。这通石碑至今还竖立在荆门市龙泉公园文明湖畔的蒙泉泉眼之上，成为一大名胜，供世人观赏和凭吊。

《与张伯信》是一封书信，也是一篇写景散文。"风露凄清，星河错落，月在林杪，泉鸣石间"，秋夜的景色是如此清新秀丽。"薰炉前引，茶鼎后殿，方池为鉴，回溪为佩，冰玉明莹，雪霜腾耀"，一个美妙绝伦的蒙泉月色之中，让我们的思想升华到一个高雅幽美的境界，是那么令人舒畅、令人陶醉！难怪陆九渊要感叹：这真是仙山蓬莱、瀛洲了。后来，陆九渊除了将张垓所书"蒙泉"二字

---

① 《赠刘季蒙》，《陆九渊集》卷二十，中华书局1980年版，第251页。

刻石立碑，还按照张伯信的指点，对蒙泉的自然景观重新做了一番布置，"瀦池四辈，耸然相望，如五老后有三峰，跬步之间便使人应接不暇"，千古名胜因这段佳话以及陆九渊的作为更添风采了。

当时，长林县令汪振参与了上述活动，还写了一篇《喷玉亭记》，比较详细地记载了张、陆二公的作为和风范。其文如下：

> 蒙泉极湖阴之胜，自唐李德裕以下，前题后咏，实在崖壁。类以毓金莲、产珠玉，与泉之清泚为美。自方沼而南，泉微西行，有亭跨其上，古柳在旁，势若卧龙。泉由沼以出，泻为曲涧，徐折而东。惜未有表而出之者。

> 绍熙壬子八月，鄱阳张公衣绣行属部。至是，慨然叹曰："蒙泉佳处独在是耳！霆为泓溢为沼，孰处无之？非遇风号雷厉霜飞雪卷，亡以见其奇。"乃命工增置其亭，环以巧石，徙巨石屹立中流，以助汹涌，泉益有声，终日潺潺，如在三峡之上石间，奔迫激射，宛若喷玉，于是以喷玉名亭。且亲逦刻石，又从而诗之。与郡守陆九渊夜坐亭上，林木既静，水声愈清，顾陆公曰："不如是，亡以见金声玉振之意。"是夕不雨，而水遽溢，非公有以发泉石之秘，而山灵亦为泽怪豫邪？

> 自是骤增佳致，来观者益众。凭阑临流，神思萧爽，久而忘归。日薄西山，暝色入座，举杯以邀明月，竹影零乱，水月相照，寒光逼人，不觉身在冰壶中矣。噫！斯亭之景，亘古犹今，昔人不知领略，则若背驰而不相亲。今自公表而出之，泉鸣谷响，沫飞涛涌，无非奇趣，蒙泉诸景孰胜于是哉？

> 公袭吴圉先生之后，凡事绰有榘鑊，淡然不以声势自居，单车行道，从者无哗。田野闲值父老，辄下车问疾苦。遇佳山水处，且行且咏，以酬景物。暮宿邮亭，率然灯观书，至夜分乃寐。平居以诚信自持，有祷辄应。时秋雨妨农收，默祷于蒙泉、玉泉，随即开霁。所至多平反，不动声色，而阖郡清肃。又能从容指顾，其题品及于泉石，与夫仗钺持斧之威，击搏摧裂所过搔动者，气象固不侔矣。是不可以不书。

> 公名垓，字伯信。

汪文诠释了蒙泉工程，对陆九渊的信又是补充。文中所说的"亲刻石"，是指张垓亲书"蒙泉"两个遒劲大字，由陆九渊题款："绍熙壬子鄱阳张垓书""十月旦日临川陆九渊立"，并镌刻于石，竖立在泉旁，这就是现存于亭中的石碑，距今已有 800 多年的历史了。汪文所说的"又从而诗之"，是指张垓写的两首诗，见上面文中所引。这两首诗既写了泉又写了人，反映了张垓对荆门的园林景点建设和荆门之治感到非常满意的愉悦心情。

我们在这里用大量的篇幅反复介绍蒙泉工程建设，是着重说明，在荆门财力窘迫的情况下，陆九渊还进行园林景点建设的重大意义和深远影响。陆九渊这样做，对别人来说也许是一件平淡无奇、无关紧要的事情；但对他来讲，却具有十分重要的作用，是面对整个社会、针对整个民众的身心修养和道德提升的重大举措。他要在"正人心"的基础上，在逐步实现人民性情端正诚实、社会风气淳朴厚道的基础上，进一步实现"浴乎沂，风乎舞雩，咏而归"的普天同乐的政治理想，使得社会达到安定祥和的境界。这才是山水园林建设的灵魂。由是，经过世世代代的荆门人的共同奋斗，最终建成了今天的象山风景区，成为荆门城区的主体文化场所之一，发挥着重要作用。纵观历史，我们应该感谢象山先生。

与似清^①

【原文】

　　九月八日，蒙泉守陆某，书复明珠庵清长老禅师侍者^①：白从临安一别，直至如今，谈咏高风，便同觌面^②。去年百八侄归自南岳，得书，又承惠药，足慰别怀^③。道人家^④信缘信脚，到处为家可也。明珠庵幸有诸贵人贤士相爱，得住且住。若是名山大刹，更尚有缘，顶笠便行，亦且无碍^⑤。不须拟议，不劳擘画，在在处处皆是道场，何处转不得法轮^⑥？何人续不得慧命？

　　事忙，来人索书，草草奉此，想蒙道照^⑦。

【注释】

　　①九月八日：即绍熙三年(1192年)九月八日。蒙泉守：即知荆门军，蒙泉是荆门城西的一处名胜，这里指代荆门。明珠庵：寺院名。清长老：清，人名，即似清。长老，是对年高德劭的和尚的尊称。禅师：对和尚的尊称。侍者：佛教僧职，一般指为寺院住持(方丈)服务的执事僧。

　　②临安：南宋都城，今杭州市。觌(dí)面：见面。

　　③百八侄：陆九渊的侄儿，在同辈中排行一百零八，故名。南岳：即南岳衡山。惠药：赠送良药。

　　④道人家：和尚家，道人是和尚的旧称。

　　⑤大刹：即大寺庙。刹，梵语音译"刹多罗"的省称，这里指佛寺。

---

　　①　本篇原载《陆九渊集》卷十七(中华书局1980年版，第219~220页)，写于绍熙三年(1192年)九月八日。似清，南宋临安明珠庵长老，与陆九渊素有交往，生平事迹不详。

⑥拟议：事先的考虑。擘（bò）画：谋划，经营。道场：做法事的场所。法轮：佛法的别称。转法轮，喻指诵经说法。

⑦道照：佛光。

【译文】

九月八日，知荆门军陆某，书信回复明珠庵的似清长老禅师：自从临安分别，直到今天，想到您当年高谈吟咏，就如同见面一样。去年百八俅从南岳衡山回家，捎来您的书信，又承蒙您赠送良药，足以安慰我别后的怀念。道人家相信缘分随意旅行，认可到处为家。明珠庵有众多贵人贤士相爱护，能够住就暂且住在那儿吧。如果是名山大庙，更加有缘分，戴上斗笠就前往，也没有妨碍。不需要事先考虑，也不用费力谋划，每一处都是做法事的道场，何处说不得佛法？何人续不得慧命？

事情很多，来人索取回信，草草奉上这些话，希望得到佛光普照。

【导读】

陆九渊幼年曾在疏山寺读书，与佛教颇有渊源，其心学思想也汲取了佛教的有益成分。本文是陆九渊写给似清长老的回信。陆九渊淳熙十三年（1186 年）年末离开京城临安，到此时两人已分别六年之久。从陆九渊的回信来看，似清长老似乎有离开明珠庵的意思。对此，陆九渊认为，"道人家信缘信脚，到处为家可也"，并提出"在在处处皆是道场，何处转不得法轮？何人续不得慧命？"颇具哲理，耐人寻味。

与侄麟之^①

【原文】

此间风俗，旬月浸觉变易形见，大概善恶是非处明，人无贵贱皆向善，气质不美者亦革面^①，政所谓"脉不病，虽瘠不害"^②。近来吏卒多贫，而有穷快活之说^③。

【注释】

①旬月：满一个月。浸觉：逐渐感觉到。浸，渐渐，逐渐。变易：变化，改变。形见（xiàn）：表现，显露。处：审度，判断。气质：这里指习性。革面：洗心革面的略语，比喻改正缺点和错误。

②政：通"正"。脉不病，虽瘠不害：语出韩愈《医说》："脉不病，虽瘠不害；脉病而肥者，死矣。"意思是心脉没有疾病，即使瘦也不会危及生命；心脉有了病，再肥壮的人也只有死路一条。脉，心脉，血脉。瘠，瘦，与"肥"相对。

③穷快活：俗语。贫穷而快活，即使没有钱财也会很开心，生活仍过得有滋有味。这种开心是精神上的享受，绝非物质。这里是自嘲之语。

【译文】

（荆门）此地的风俗，近一个月逐渐觉得变化明显，大概能够明白判断出善

---

① 原载《陆九渊集》卷三十六《年谱》（中华书局 1980 年版，第 512 页）。据《陆九渊集》卷三十六《年谱》记载："冬十二月六日，与侄麟之书"，当写于绍熙三年冬十二月六日（1193 年 1 月 10 日）。麟之，即陆麟之，字仲时，陆九渊二哥陆九叙的二儿子，才识明敏，师从陆九渊，曾跟随到南康访问朱熹。

与恶、是与非，人不分贵贱都能一心向善，习性不好的人也能洗心革面，正应了古人说的"心脉没有疾病，即使瘦也不会危及生命"。近来官吏和兵卒大多较为贫困，因而有"穷快活"的说法。

【导读】

本篇应该是陆九渊平生写出的最后一封家书。写信次日疾病发作，至十四日中午去世，不过一周的时间。原载《陆九渊集》卷三十六《年谱》①，这里单列成篇，题目为编者所加。

陆九渊在信中谈到荆门风俗人情之美，也显示出陆九渊治理荆门的成效：明辨是非善恶，人人心向善良，勇于改正错误；吏卒廉政清明，虽然目前暂时贫穷一点，但内心却很富有，充满快乐而忠于职守。正如陆九渊所说"若能保有是心，即为保极……身或不寿，此心实寿，家或不富，此心实富，纵有患难，心实康宁。或为国死事，杀身成仁，亦为考终命"②。其实，这也正是陆九渊所追求的结果，回应了他"必也正人心乎"的施政初衷。

---

① 《年谱》，《陆九渊集》卷三十六，中华书局 1980 年版，第 512 页。
② 《荆门军上元设厅皇极讲义》，《陆九渊集》卷二十三，中华书局 1980 年版，第 284 页。

象山先生行状(节选)

(宋)杨简

【原文】

十六年，祠秩满，今上登极，除知荆门军①。是年，转宣教郎，又转奉议郎。绍熙二年九月，初领郡事。吏以故例白②："内诸局务，外诸县，必有揭示③约束，接宾受词分日。"先生曰："安用是。"延见④僚属如朋友，推心豁然，论事唯理是从。先生家书有云："每日同官禀事，众有所见，皆得展其所怀，辩争利害于前，太守唯默听，候其是非既明，乃从赞叹以养其徇公⑤之意。太守所判，僚属却回者常有之。"先生教民如子弟，虽贱隶走卒，亦论以理义。接宾受词无早暮，下情尽达无壅⑥。故郡境之内，官吏之贪廉，民俗之习尚，忠良材武与猾吏暴强，先生皆得之于无事之日。

【注释】

①十六年：宋淳熙十六年(1189年)。祠秩满：宋淳熙十三年(1186年)十一月，陆九渊得旨主管台州崇道观，至淳熙十六年，三年任满。今上登极：宋淳熙十六年(1189年)，宋孝宗禅位，宋光宗即位。今上，当今皇上，指宋光宗赵惇。

②故例：旧例。白：报告，禀告。

③揭示：告示，文告。

④延见：接见，会见。

⑤徇公：一心为公，为公事而死。徇，通"殉"。

⑥接宾受词：接待宾客和接受诉状。词，特指讼词。壅：堵塞。

【原文】

往时郡有追逮①，皆特遣人。先生唯令诉者自执状以追，以地近远立限，皆如期，即日处决②。轻罪多酌人情，晓令解释。至人伦之讼既明，多使领元词自毁之，以厚其俗③。唯怙终不可诲化，乃始断治，详其文状，以防后日反悔④。久之，民情益孚，两造有不持状，唯对辩求决⑤。亦有证者，不召自至，问其故，曰："事久不白，共约求明。"或既伏，俾各持其状去，不复留案⑥。尝夜与僚属坐，吏白有老者诉甚急，呼问之，体战，言不可解。俾吏状之，谓其子为群卒所杀。先生判翌日呈，僚属难之，先生曰："子安知，不至是。"凌晨追究，其子盖无恙也，人益服先生之明。有诉遭窃，脱而不知其人，先生自出二人姓名，使捕至，讯之伏辜，尽得所窃物还诉者，且宥其罪，使自新⑦。因语吏曰"某所某人尤暴"，吏亦莫知。翌日有诉遭夺掠者，即其人也。乃加追治，吏大惊，郡人以为神。初保伍之制，州县以非急务，多不检覈⑧，盗贼得匿藏其间，近边尤以为患。先生首申严之，奸无所蔽。有窃僧庐，邻伍遽集，擒获不逸一人，至是群盗屏息⑨。

【注释】

①追逮：捉拿嫌犯。

②处决：审判，裁决。

③元词：原来的诉状。元，原来。厚其俗：使风俗变得厚道。

④怙终：仗恃奸邪而终不悔改。诲化：教诲，感化。后日：日后。

⑤孚：信服，信任。两造：诉讼中的原告、被告双方。

⑥伏：伏罪，认罪。俾：使。

⑦伏辜：语本《诗经·小雅·雨无正》："舍彼有罪，既伏其辜。"后因以"伏辜"指伏罪。宥：宽恕，赦免。

⑧检覈（hé）：考察核实。

⑨屏息：抑制气息。这里形容盗贼逃匿。

【原文】

荆门素无城壁，先生以为此自古战争之场，今为次边①，在江汉之间，为四集之地，南捍江陵，北援襄阳，东护随郢之胁，西当光化夷陵之冲。荆门固则四邻有所恃，否则有背胁腹心之虞。由唐之湖阳以趋山，则其涉汉之径，已在荆门之胁。由邓之邓城以涉汉，则其趋山之道，已在荆门之腹。余有间途浅津②，陂陁(pō tuó)不能以限马，滩濑不能以濡轨者，所在尚多。自我出奇制胜，徼(yāo)敌兵之腹胁者，亦正在此。虽四山环合，易于备御，义勇四千，强壮可用，而仓廪藏库之间麇鹿可至。累议欲修筑子城，惮③重费不敢轻举。先生审度决计，召集义勇，优给庸直④，躬自劝督，役者乐趋，竭力功倍，二旬讫筑。初计者拟费缗钱⑤二十万，至是仅费缗钱五千而土工毕。后复议成砌三重，置角台，增二小门，上置敌楼、冲天渠、荷叶渠、护险墙之制毕备，才费缗钱三万。又郡学、贡院、客馆、官舍，众役并兴。初俗习惰，人以执役为耻，吏惟好衣闲观。至是此风一变，督役官吏，布衣杂役夫佐力，相勉以义，不专以威。盛役如此，而人情晏然⑥，郡中恬若无事。

【注释】

①次边：北宋时，"次边"是指位于沿边州军与关中地区的中间过渡地带。因荆门当时距宋金对峙的前线不远，故称为"次边"。

②间途浅津：偏僻的小路和水浅的渡口。

③惮：畏难，害怕。

④庸直：工钱。庸，雇佣，今作"佣"。直：报酬，工钱。

⑤缗钱：用绳子穿着的钱，宋制一千文钱为一缗，也叫一贯。

⑥晏然：安宁的样子。

【原文】

荆门两县置垒①，事力绵薄，连岁困于送迎，藏库空竭，调度倚办商税。先是日差使臣暨小吏伺商人于门，检货给引，然后至务，务②唯据引入税，出门又覆视。官收无几，而出入其非已多。初谓以严禁榷③，杜奸弊，而门吏取贿，多所藏覆，禁物亦或通行。商苦重费，多由僻途，务入日缩。先生罢去之，或曰："门讯所以防奸，列郡行之以为常，一旦罢费，商冒利，必有不至务者④。"先生曰："是非尔所知。"即日揭示，俾径至务，复减正税援例，是日税入立增⑤。有一巨商，已遵僻途，忽闻新令，复出正路。巡尉卒于岐捕之。先生诘得其实，劳而释之，巨商感涕。行旅闻者莫不以手加额⑥，誓以毋欺，私相转告，比由荆门。旁观者诘其故，商曰："罢三门引，减援例，去我辈大害，不可不报德。"税收增倍，酒课⑦亦如之。

荆门故用铜钱，后以近边，以铁钱易之。铜钱有禁，而民之输于公者尚容贴纳。先生曰："既禁之矣，又使之输，不可。"即蠲⑧之。又减钞钱，罢比较，不遣人诣县，给吏札，置医院官，吏民咸悦，而郡吏亦贫而乐。狱卒无以自给，多告罢，先生以僚属访察得其实，遂廪给之。

【注释】

①置垒：设置小城。当时荆门军下辖长林、当阳两县。

②务：这里指办理税收的机构。

③严禁榷：严格管理市场，禁止违禁物品。榷，榷场，古代官方管理的专卖场所。

④门讥：在门口进行检查盘问。讥：检查，盘问。列郡：各郡县，各地。冒利：贪求利润。冒：贪婪。

⑤揭示：告示，通告。俾：使。径：直接。援例：援引为惯例，旧例。

⑥以手加额：把手放在额上，表示欢欣庆幸。

⑦酒课：酿酒的赋税。课：赋税。

⑧蠲（juān）：除去，减免。

【原文】

朔望及暇日，诣学讲诲诸生①。郡有故事，上元设斋醮黄堂，其说曰为民祈福②。先生于是会吏民，讲《洪范》"敛福锡民"一章，以代醮事，发明人心之善，所以自求多福者，莫不晓然有感于中，或为之泣。

湖北诸郡军士多逃徙，视官府如传舍③，不可禁止，缓急无可使者。先生病之，乃信捕获之赏，重奔窜之刑④，又数阅射，中者受赏，役之加庸直，无饥寒之忧，相与悉心弓矢，逸者绝少。他日兵官按阅，独荆门整习，他郡所无⑤。先生平时按射，不止于兵伍，郡民皆得而与，中亦同赏。

荐举其属，不限流品。尝曰："古者无流品之分，而贤不肖之辨严⑥；后世有流品之分，而贤不肖之辨略。"

先生之家居也，乡人苦旱，群祷莫应。有请于先生，乃除坛山巅，阴云已久，乃致祷，大雨随至。荆门亦旱，先生每有祈，必疏雨随车，郡民异之。治化孚洽⑦，久而益著。既逾年，笞箠⑧不施，至于无讼。相保相爱，闾里熙熙，人心敬向，日以加厚。吏卒亦能相勉以义⑨，视官事如其家事。识者知其为郡，有出于政刑号令之表者矣。诸司交章论荐，丞相周公必大尝遗人书，有曰："荆门之政，于以验躬行之效⑩。"

【注释】

①朔望：农历每月初一为朔，月亮圆的那一天为望，通常指农历每月十五。暇日：空闲的日子。

②故事：先例，旧日的典章制度。上元：上元日，指农历正月十五，也称"元宵节"。斋醮：请僧道设斋坛祈祷。黄堂：太守办公的正厅。

③传(zhuàn)舍：古时供行人休息住宿的处所。

④病：忧虑，担心。信：明，明确。重：加重。

⑤按阅：巡视，检阅。整习：动作整齐而熟练。

⑥流品：流派和品级。不肖：不才，不贤。

⑦孚洽：诚信而和谐。

⑧笞箠：古代的两种刑罚，即鞭刑和杖刑。这里泛指各种刑罚。

⑨相勉以义：用道义相互勉励。

⑩遗(wèi)：寄，送(信)。躬行：亲身实践，身体力行。

【原文】

三年冬十一月，语女兄曰："先教授兄①有志天下，竟不得施以没。"女兄尽然。又尝谓家人曰："吾将死矣。"或曰："安得此不祥语，骨肉将奈何?"先生曰："亦自然。"又告僚属曰："某将告终。"先生素有血疾，居旬日大作，实十二月丙午。越三日，疾良已，接见属僚，与论政理如平时②。宴息静室，命扫洒焚香，家事一不挂齿。庚戌祷雪，辛亥雪骤降。命具浴，浴罢，尽易新衣，幅巾端坐。家人进药，先生却之，自是不复言。癸丑日中，奄然而卒。郡属棺敛竭诚，哭哀甚。吏民哭奠,充塞衢道,各有词以叙陈痛恋之情。柩归,门人奔哭会葬以千数。郡县于其讲学之地为立祠。先生遗文,诸生已次第③编纪。先生生于绍兴九年二月乙亥,享年五十有四。娶吴氏,封孺人。二子持之循之,女一。明年十有一月壬申,葬于乡之永兴寺,山距姚饶氏孺人墓为近。

先生之道,至矣大矣,简安得而知之?惟简主富阳薄时,摄事临安府中,始承教于先生④。及反富阳,又获从容侍诲⑤。偶一夕,简发本心之问,先生举是日扇讼是非以答,简忽省此心之清明,忽省此心之无始末,忽省此心之无所不通⑥。简虽凡下,不足以识先生,而于是亦知先生之心,非口说所能赞述。所略可得而言者:日月之明,先生之明也;四时之变化,先生之变化也;天地之广大,先生之广大也;鬼神之不可测,先生之不可测也。欲尽言之,虽穷万古,不可得而尽也。虽然,先生之心与万古之人心一贯无二致,学者不可自弃。谨状。

绍兴五年二月十有六日,门人奉议郎知饶州乐平县主管劝农公事杨简状

【注释】

①女兄:姐姐。先教授兄:指陆九渊五哥陆九龄,字子寿,金溪归政(今江西省金溪县陆坊乡)青田村人,人称复斋先生。

②越:经过。疾良已:疾病有很大好转。已,治愈,病愈。

③次第:次序。

④主富阳簿:任富阳县主簿。摄事:代理管理事务。

⑤反:通"返",返回。侍诲:服侍并听从教诲。

⑥此事《陆九渊集》卷三十六《年谱》有详细记载:四明杨敬仲主富阳簿,摄事临安府中,始承教于先生。及反富阳,三月二十一日,先生过之,问:"如何是本心?"先生曰:"恻隐,仁之端也;羞恶,义之端也;辞让,礼之端也;是非,智之端也。此即是本心。"对曰:"简儿时已晓得,毕竟如何是本心?"凡数问,先生终不易其说,敬仲亦未省。偶有鬻扇者讼至于庭,敬仲断其曲直讫,又问如初。先生曰:"闻适来断扇讼,是者知其为是,非者知其为非,此即敬仲本心。"敬仲忽大觉,始北面纳弟子礼。

附录二

宋史·陆九渊传

【原文】

陆九渊，字子静。生三四岁，问其父天地何所穷际，父笑而不答，遂深思，至忘寝食。及总角^①，举止异凡儿，见者敬之。谓人曰："闻人诵伊川^②语，自觉若伤我者。"又曰："伊川之言，奚为^③与孔子、孟子之言不类？近见其间多有不是处。"初读《论语》，即疑有子之言支离^④。他日读古书，至"宇宙"二字，解者曰："四方上下曰宇，往古来今曰宙"，忽大省曰："宇宙内事乃己分内事，己分内事乃宇宙内事。"又尝曰："东海有圣人出焉，此心同也，此理同也。至西海、南海、北海有圣人出，亦莫不然。千百世之上有圣人出焉，此心同也，此理同也。至于千百世之下有圣人出，此心此理，亦无不同也。"

后登乾道八年进士第。至行在^⑤，士争从之游。言论感发，闻而兴起者甚众。教人不用学规，有小过^⑥，言中其情，或至流汗；有怀于中而不能自晓者，为之条析其故，悉如其心。亦有相去千里，闻其大概，而得其为人。尝曰："念虑^⑦之不正者，顷刻而知之，即可以正。念虑之正者，顷刻而失之，即为不正。有可以形迹观者，不可。以形迹观人，则不足以知人。必以形迹绳人^⑧，则不足以救之。"初调隆兴靖安县主簿^⑨。丁母忧^⑩。服阕^⑪，改建宁崇安县。以少师史浩荐，召审察，不赴。侍从复荐，除国子正^⑫，教诸生无异在家时。除敕令所删定官^⑬。

【注释】

①总角：收发结之。旧时因称童年时代为"总角"。

②伊川：伊川先生，指程颐。

③奚为：何为，为什么。

④有子：名若，字子有。春秋时期鲁国(今山东肥城市)人，孔子弟子中的"七十二贤人"之一，曾提出"礼之用，和为贵"等学说。支离：分散的样子。

⑤行在："行在所"的省称，皇帝所在的地方，后专指皇帝行幸所至之地。这里指南宋都城临安(今杭州)。

⑥学规：学堂的规矩。过：过失，错误。

⑦念虑：思想，观念。

⑧绳人：衡量人。

⑨主簿：官署与地方政府中掌管文书的官员。

⑩丁母忧：遭母丧。

⑪服阕：服终，服丧期满。

⑫除：任命，授职。国子正：即国子监学正，在太学掌管执行学规、考校训导等。

⑬敕令所：编纂整理各种行政命令的机构。敕令，指帝王所发布的命令、法令等。删定官：类似从事校对业务的工作人员。

【原文】

九渊少闻靖康间事①，慨然有感于复仇之义。至是，访知勇士，与议恢复大略。因轮对②，遂陈五论：一论仇耻未复，愿博求天下之俊杰，相与举论道经邦之职；二论愿致尊德乐道之诚；三论知人之难；四论事当驯致而不可骤；五论人主不当亲细事。帝称善。未几，除将作监丞，为给事中王信所驳，诏主管台州崇道观③。还乡，学者辐凑，每开讲席，户外屦满，耆老扶杖观听④。自号象山翁，学者称象山先生。尝谓学者曰："汝耳自聪，目自明，事父自能孝，事兄自能弟，本无欠阙⑤，不必它求，在乎自立而已。"又曰："此道与溺于利欲之人言犹易，与溺于意见之人言却难⑥。"或劝九渊著书，曰："《六经》注我，我注《六经》。"又曰："学苟知道，《六经》皆我注脚⑦。"

光宗即位，差知荆门军。民有诉者，无早暮皆得造于庭，复令其自持状以追，为立期，皆如约而至，即为酌情决之，而多所劝释。其有涉人伦者，使自毁其状，以厚风俗。唯不可训者，始置之法。其境内官吏之贪廉，民俗之习尚善恶，皆素知之。有诉人杀其子者，九渊曰："不至是。"及追究，其子果无恙。有诉窃取而不知其人，九渊出二人姓名，使捕至，讯之伏辜，尽得所窃物还诉者，且宥其罪使自新⑧。因语吏以某所某人为暴，翌日有诉遇夺掠者，即其人也，乃加追治，吏大惊，郡人以为神⑨。申严保伍之法，盗贼或发，擒之不逸一人，群盗屏息⑩。

【注释】

①靖康间事：即"靖康之耻"。

②轮对：北宋太祖常令百官轮次面对，须指陈时政得失、举述朝廷急务，凡事关利害者许以极言，称为轮对。其后，成为宋朝的一种制度。

③主管台州崇道观：南宋淳熙十三年（1186 年）十一月，陆九渊奉诏主管台州崇道观。这是宋朝特有的一种职官制度，即祠禄制。主管某寺、某观，叫做"监某庙"、"提举某官观"，实际与官观事务没有太大关系，只是借名食禄而已。

④辐凑：车的辐条集凑于车轴心，比喻人或物聚集在一起。屦：葛麻制成的单底鞋。耆老：指老年人。耆，老。《礼记·曲礼上》："六十曰耆。"

⑤弟：通"悌"，尊敬兄长。阙：残缺，亏损。

⑥溺于利欲之人：沉溺在名利欲望的人。意见之人：偏见之人。

⑦学苟知道：学术上如果懂得了大道。《六经》：儒家经典《诗》《书》《礼》《乐》《易》《春秋》的总称。

⑧伏辜：语本《诗经·小雅·雨无正》："舍彼有罪，既伏其辜。"后因以"伏辜"指伏罪。宥：宽恕，赦免。

⑨翌日：第二天。追治：追究治罪。

⑩或：有时。逸：逃。屏息：抑制气息。这里形容盗贼逃匿。

【原文】

荆门为次边①而无城。九渊以为："郡居江、汉之间，为四集之地，南捍江陵，北援襄阳，东护随、郢之胁，西当光化、夷陵之冲，荆门固则四邻有所恃，否则有背胁腹心之虞。由唐之湖阳以趋山，则其涉汉之处已在荆门之胁；由邓之邓城以涉汉，则其趋山之处已在荆门之腹。自此之外，间道之可驰，汉津之可涉，坡陀不能以限马，滩濑不能以濡轨者，所在尚多。自我出奇制胜，徼敌兵之腹胁者，亦正在此。虽四山环合，易于备御，而城池阙然，将谁与守②？"乃请于朝而城之③，自是民无边忧。罢关市吏讥察④而减民税，商贾毕集，税入日增。旧用铜钱，以其近边，以铁钱易之，而铜有禁，复令贴纳。九渊曰："既禁之矣，又使之输邪？"尽蠲⑤之。故事，平时教军伍射，郡民得与，中者均赏；荐其属不限流品。尝曰："古者无流品之分，而贤不肖之辨严⑥；后世有流品之分，而贤不肖之辨略。"每旱，祷即雨，郡人异之。逾年，政行令修，民俗为变，诸司交荐。丞相周必大尝称荆门之政，以为躬行⑦之效。

一日，语所亲曰："先教授兄⑧有志天下，竟不得施以没。"又谓家人曰："吾将死矣。"又告僚属曰："某将告终。"会祷雪，明日，雪。乃沐浴更衣端坐，后二日日中而卒。会葬者以千数，谥文安。

初，九渊尝与朱熹会鹅湖⑨，论辨所学多不合。及熹守南康，九渊访之，熹与至白鹿洞，九渊为讲君子小人喻义利一章，听者至有泣下⑩。熹以为切中学者隐微深痼之病。至于"无极而太极"之辨，则贻书往来论难不置焉⑪。门人杨简、袁燮、舒璘、沈焕能传其学云。(原文见《宋史》卷四百三十四《列传》第一百九十三《儒林四》)

【注释】

①次边：接近边境。

②郡居江、汉之间……将谁与守：参见《与庙堂乞筑城札子》一文。

③请于朝而城之：向朝廷请示报告后在荆门筑城。城，筑城墙。

④讥察：查问。

⑤蠲：除去，减免。

⑥流品：流派，品级。不肖：不才，不贤。

⑦躬行：亲身实践，身体力行。

⑧先教授兄：指陆九渊五兄陆九龄，字子寿，金溪归政(今江西省金溪县陆坊乡)青田村人，人称复斋先生。

⑨九渊尝与朱熹会鹅湖：南宋淳熙二年(1175年)六月，吕祖谦为了调和朱

熹"理学"和陆九渊"心学"之间的分歧，使两人的哲学观点"会归于一"，于是出面邀请陆九龄、陆九渊兄弟前来与朱熹见面。六月初，陆氏兄弟应约来到鹅湖寺，双方就各自的哲学观点展开了激烈辩论，这就是中国思想史上著名的"鹅湖之会"。

⑩及熹守南康……听者至有泣下：淳熙六年(1179年)三月，朱熹到任知南康军。其间修复白鹿洞书院，并主持书院事务。淳熙八年(1181年)二月，陆九渊来访，朱熹非常高兴，和他一起坐船游览。随后，朱熹请陆九渊在白鹿洞书院讲学。陆九渊讲授的是《论语·里仁篇》中的"君子喻于义，小人喻于利"。朱熹的弟子们听得十分感动，有人甚至哭了起来。朱熹在旁听讲，也认为陆讲得非常好。他请陆九渊把讲稿写下来，请人把讲义刻石并为其写了《跋》，此即著名的《白鹿洞书堂讲义》。

⑪"无极而太极"之辨：宋孝宗淳熙十五年(1188年)，陆九渊与朱熹互致书信(朱四封，陆三封)，开展怎样理解周敦颐的《太极图说》开篇一句"无极而太极"的辩论。贻：赠，致。论难不置：互相辩论个不停。

附录三

陆九渊眼中的荆门

张发清

陆九渊知荆门军一年又三个月，时间不长却政绩卓著，不仅其"荆门之政"得到当时朝野的一致称赞，也从另一侧面彰显了"心学"理论的社会意义，可以"验躬行之效"。陆九渊之所以取得荆门治理的成功，是和他对荆门的正确认识有很大关系的。那么，在陆九渊的眼中，荆门是一个怎样的地方？有着怎样的风俗民情呢？对此，我们可以从陆九渊在知荆门军任上的文章和书信中，窥见一斑。

第一，荆门位于"次边"之地，战略位置十分重要。

陆九渊所处的时代，宋金对峙，荆门离前线不远，是"次边"之地。在陆九渊看来，荆门战略地位十分重要，对巩固边防、支援前线都具有重要意义。

> 基玉维州，沮漳在境，拥江带汉，控蜀抚淮，岂惟古争战之场，实在今攻守之要。①

这是陆九渊上任荆门知军当天，在写给朝廷的《荆门到任谢表》中说的一句话。沮河、漳河从荆门穿境而过，东临汉水，南靠长江，真是一处攻守的要地。在稍后的《与庙堂乞筑城札子》中他又说：

---

① 《荆门到任谢表》，《陆九渊集》卷十八，中华书局 1980 年版，第 225 页。

荆门在江汉之间，为四集之地。南捍江陵，北援襄阳，东护随郢之胁，西当光化夷陵之冲。荆门固则四邻有所恃，否则有背胁腹心之虞。①

在陆九渊眼中，荆门军拥有长江、汉水之天险，地处要冲，向南可捍卫江陵平原，向北可支援襄阳前线，向东可维护随州钟祥，向西可屏障夷陵要塞，荆门城防稳固，则周边有所依靠，否则就有腹背受敌的危险，主张"此间形势，正宜积粟聚兵"②。

第二，荆门民风淳朴，社会安宁。

在陆九渊看来，荆门的民风又是如何呢？且来看看他是怎么说的：

> 士民相敬向，吏辈亦肃肃就职。③
> 民愿士淳，易于开导，作奸为祟者，姓名可记。④
> 是间民益相安，士人亦有向学者，郡无逃卒，境内盗贼绝少，有则立获，讼牒有无以旬计。⑤
> 此间风俗……大概是非善恶处明，人无贵贱皆向善，气质不美者亦革面……近来吏卒多贫，而有穷快活之说。⑥

从这些只言片语中，可以看出，荆门是一个民风淳朴、社会安宁的地方，民间相安，人心向善，士人向学，安贫乐道。荆门民风淳朴还表现在"易于开导"，对好的东西乐于接受，对不好的东西勇于改正：

> 初俗习惰，人以执役为耻，吏惟好衣闲观。至是此风一变，督役官吏，布衣杂役夫佐力，相勉以义，不专以威。盛役如此，而人情晏然，郡中恬若

---

① 《荆门到任谢表》，《陆九渊集》卷十八，中华书局1980年版，第225页。
② 《与薛象先(一)》，《陆九渊集》卷十五，中华书局1980年版，第199页。
③ 《与罗春伯》，《陆九渊集》卷十五，中华书局1980年版，第197页。
④ 《与刘漕》，《陆九渊集》卷十五，中华书局1980年版，第201页。
⑤ 《与邓文范》，《陆九渊集》卷十七，中华书局1980年版，第217页。
⑥ 《年谱》，《陆九渊集》卷三十六，中华书局1980年版，第512页。

无事。①

正月十三日，以讲义代醮，除官员、士人、吏卒之外，百姓听讲者不过五六百人，以不曾告戒也。然人皆感动，其所以相孚信者又在言语之外也。②

比来讼牒益寡，终月计之，不过二三纸。此间平时多盗，今乃绝无。③

陆九渊初到荆门时，发现荆门人习俗怠惰，小偷猖獗；好面子，人们把动手劳作看作一种羞耻，即使是一个小吏，也是"好衣闲观"；又讲迷信，遇事求神拜佛。陆九渊到任后，发动大家筑城，并亲身参加劳动。在陆九渊的示范之下，社会风气一时大变，筑城时人人出力，个个动手，工程很快就初具规模。为改变荆门百姓的迷信习俗，陆九渊在正月十五开讲"洪范五皇极"，以替代往年的做法祈福，老百姓不但积极参加听讲，而且"人皆感动"。这些说明，荆门的百姓"从善如流"的好品质。

当然，民风淳朴的荆门也有奸诈狡猾之徒。陆九渊说：

方至此时，积讼颇多，非其俗恶，乃不能无败群者耳。此辈傲游城市，持吏长短，无理致争，期于必胜。敌不能甘，遂成长讼，诸司不止，乃至台部。④

此间号民淳，但细民淳耳，至其豪猾，则尤陆梁于江、浙也。⑤

汪长林真爱民如子，近有奸民杨汝意、方九成者，喉其党类十余人，拥帅庭，诉其虐民。⑥

这些人搅扰地方，包揽诉讼，越级告状，诬陷他人，成为一个地方的"败

---

① 《年谱》，《陆九渊集》卷三十六，中华书局 1980 年版，第 509 页。
② 《年谱》，《陆九渊集》卷三十六，中华书局 1980 年版，第 510 页。
③ 《年谱》，《陆九渊集》卷三十六，中华书局 1980 年版，第 511 页。
④ 《与张元善(一)》，《陆九渊集》卷十六，中华书局 1980 年版，第 210 页。
⑤ 《与张元善(二)》，《陆九渊集》卷十六，中华书局 1980 年版，第 211 页。
⑥ 《与张元善(二)》，《陆九渊集》卷十六，中华书局 1980 年版，第 211 页。

群者"。

第三，荆门历史悠久，风景优美。

陆九渊知荆门军，事务繁忙，书信文章中大多是谈论公务和讨论学术，描写山水风光的文字并不多。但从他仅有的几处风光描写中，不难看出陆九渊对荆门这块土地的喜爱。

荆门故楚国也。江汉为疆，沮漳在境，东有百顷，南有龟山，西有玉泉，北有上泉，中为蒙泉，皆炳灵效异，为此土之望。①

故荆门之山，发于嶓冢，止于西山。蒙泉原其下，以在郡之西，故曰西山。其支山沿溪而东，以绕郡治，有峰峨峨然曰东山，有浮屠在其上，于西山为宾。……然观东山，正为西山之宾，西望则山川之本原，皆森列在前。②

杏山崔嵬，蒙泉清澈，金莲在底，华叶可数。③

至如风露凄清，星河错落，月在林杪，泉鸣石间，薰炉前引，茶鼎后殿，方池为鉴，回溪为佩，冰玉明莹，雪霜腾耀，则喷玉新亭，真蓬壶、瀛洲已。④

在陆九渊笔下，荆门是一块宝地，长江、汉水为边疆，沮河、漳河从境内流过，玉泉、上泉、蒙泉等名泉环绕。尤其是蒙山（今象山）之东麓，山石林泉，宛如仙境，"真蓬壶、瀛洲已"。其所描写的"方池""金莲"（一种水生草本植物）等景物，至今仍可在象山脚下的龙泉书院内一睹其风貌。

第四，荆门地理偏僻，自然资源尚有不足。

荆门地处大洪山区与江汉平原的过渡地带，北部多山，南部逐渐平坦，古来地旷人稀。

① 《荆门祷雨文》，《陆九渊集》卷二十六，中华书局1980年版，第309页。
② 《荆门祷雨文》，《陆九渊集》卷二十六，中华书局1980年版，第309页。
③ 《与刘漕》，《陆九渊集》卷十五，中华书局1980年版，第201页。
④ 《与张伯信》，《陆九渊集》卷十七，中华书局1980年版，第219页。

　　疆土虽稍广阔，然山童田芜，人踵希少，户口不能当江、浙小县。①

　　敝邑偏小，今岁才数旬不雨，市辄无米。乡民素无盖藏……其有者，乃儋石之储耳。风俗所自来非一日，今日不为之计，后将益弊。②

　　秧田甚多，尚往往成群插秧。问何以能备此秧，则曰年例如此。若其不修陂池，不事耘耨，则皆枯死。此地惰习，未易空言劝之。③

　　尤其是城北以山地为主，地理条件较差，比如田土瘠薄，水利灌溉条件差，收成有限，人民较为贫困。在一些地方存在一些不良的风俗习惯，于民生不利。对上面提到的这些，陆九渊都曾计划进行改革。他还将荆门与"江东西"的自然情况进行了详细比较：

　　江东西田土，较之此间，相去甚远。江东西无旷土，此间旷土甚多。江东西田分早晚，早田者种占早禾，晚田种晚大禾。此间田不分早晚，但分水陆。陆田者，只种麦豆麻粟，或莳蔬栽桑，不复种禾；水田乃种禾。此间陆田，若在江东西，十八九为早田矣。水田者，大率仰泉，在两山之间，谓之浴田，实谷字俗书从水。江东西谓之源田，潴水处曰堰，仰溪流者亦谓之浴，盖为多在低下，其港陂亦谓之堰。江东西陂水，多及高平处。此间则不能，盖其为陂，不能如江东西之多且善也。惟南乡去山既远，且近江，高平之地多，又迩大府，居民差众，故多不仰泉石之田。此田最下，岁入甚多。白杨一乡，此田居十五以上。梨陂、柘陂等乡，不下十二。惟西北东乡分，则无此田矣。然所谓水田者，不善治堰，则并高处亦与平田相类矣。少者不十一，多者不十三，通之不过十二。④

　　陆九渊认为两地的田土条件"相去甚远"，而且荆门人口稀少，这些不利于经济发展和社会治理，也是陆九渊面临的挑战。

---

① 《与丰叔贾》，《陆九渊集》卷十七，中华书局1980年版，第216页。
② 《与章德茂（五）》，《陆九渊集》卷十六，中华书局1980年版，第208页。
③ 《与章德茂（四）》，《陆九渊集》卷十六，中华书局1980年版，第206页。
④ 《与章德茂（三）》，《陆九渊集》卷十六，中华书局1980年版，第205页。

　　正是基于对荆门的这些认识，陆九渊在治理荆门时，采取了一些有针对性的措施，使好的方面"不替有加"，使不好的方面能有较大的改进，其政绩得到从官方到民间的一致认可，实在是难能可贵。只是天不假年，陆九渊的很多治理计划都来不及实施，也是值得深为惋惜的。

参 考 书 目

1. 陆九渊：《陆九渊集》，中华书局 1980 年版。

2. 张立文：《心学之路——陆九渊思想研究》，人民出版社 2008 年版。

3. 王心田：《陆九渊知军著作研究》，武汉大学出版社 1999 年版。

4. 欧阳祯人主编：《陆九渊思想研究》，武汉大学出版社 2019 年版。

5. 祁润兴：《陆九渊评传》，南京大学出版社 1998 年版。

6. 涂宗流：《陆子心语》，香港国际炎黄文化出版社 2002 年版。

7. 邢舒绪：《陆九渊研究》，人民出版社 2008 年版。

8. 李承贵：《大家精要陆九渊》，陕西师范大学出版总社 2017 年版。

9. 张卫平主编：《第一届心学论坛研究文集》，江西高校出版社 2020 年版。

10. 全玲：《陆象山诗歌赏析》，湖北人民出版社 2021 年版。

11. 刘辉兵、刘克耘、李政华等编著：《百世大儒陆九渊》，华中师范大学出版社 2019 年版。

12. 陈进兵、吴兆军、周克文等编著：《象山文化》，湖北人民出版社 2011 年版。